Johannes Reimer

Mit Muslimen über Jesus reden

Evangelisation im interreligiösen Raum – Band 2

francke

Über den Autor:
Johannes Reimer ist Professor für Missionswissenschaften an der Theologischen Hochschule Ewersbach und der University of South Africa. Er hat mehrere Bücher und Artikel zum Thema Evangelisation, Mission und Transformation geschrieben.

Bibliografische Information Der Deutschen Bibliothek
Die Deutsche Bibliothek verzeichnet diese Publikation in der Deutschen Nationalbibliografie; detaillierte bibliografische Daten sind im Internet über http://dnb.ddb.de abrufbar.

ISBN 978-3-86827-582-7

35037 Marburg an der Lahn
Umschlagbild: © iStockphoto.com / Katarzyna Bialasiewicz
Umschlaggestaltung: Verlag der Francke-Buchhandlung GmbH / Sven Gerhardt
Satz: Verlag der Francke-Buchhandlung GmbH
Printed in Czech Republic

www.francke-buch.de

Inhalt

Abkürzungen

IS – Islamischer Staat

IBMR – International Bulletin of Missionary Research

I.S.L.A.M. – I Sincerely Love All Muslims

JSAI – Jerusalem Studies in Arabic and Islam

KWE – Kommission für Weltmission und Evangelisation im ÖRK

LKWE – Lausanner Komitee für Weltevangelisation

LOP – Lausanne Occasional Papers

LBME – Lausanner Bewegung für Weltevangelisation

MBB – Muslim Background Believers

ÖRK – Ökumenischer Rat der Kirchen

PHE – Prinzip der homogenen Einheit engl.: HUP (Homogenious Unit Principle)

QPT – Question of Prior Trust (Die Frage nach dem Basisvertrauen)

WEA – Weltweite Evangelische Allianz

Vorwort

Längst sind sie unsere Nachbarn geworden – die Muslime. Mehrere Millionen leben in unseren deutschen Städten und Dörfern. Sie sind als Gastarbeiter, Flüchtlinge und Studenten aus dem Mittleren Osten, der Türkei oder auch Nordafrika zu uns gekommen. Und es kommen immer mehr. Die Gräuel des IS in Syrien und dem Irak, der Boko Haram in Nigeria und anderer fundamentalistischer Sekten des Islam zwingen sie zur Flucht. Und nicht selten ist es auch die Sehnsucht nach Freiheit und Demokratie und die bittere Enttäuschung in der Gesellschaft, aus der sie kommen, so z. B. im Iran, oder auch einfach nur die Armut, die sie zu uns bringt. Sie scheuen keine Strapazen; auf abenteuerlichsten Wegen gelangen sie nach Europa und dann auch zu uns nach Deutschland. So wie der kleine Hamid aus Afghanistan, der allein seine Flucht über das Mittelmeer überlebte. Die Asylbewohnerheime in Deutschland sind überfüllt mit Flüchtlingen aus der Welt des Islam.

Und nicht wenige von ihnen sind längst im Besitz eines deutschen Passes. Muslime leben unter uns. Ist der Islam in Deutschland zu Hause? Die entsprechende Aussage des ehemaligen Bundespräsidenten Christian Wulff macht an dieser Stelle die Runde. Dieser hatte am Tag der deutschen Einheit im Jahr 2010 gesagt: „Der Islam gehört inzwischen auch zu Deutschland." Immerhin zeigen sich 44 Prozent der Deutschen mit dieser Aussage des Bundespräsidenten laut einer Umfrage des Meinungsforschungsinstituts Forsa einverstanden.[1] Keine Exotik aus 1001 Nacht, keine Abenteuer von Aladin umranken sie. Nein, sie sind Menschen wie wir alle. Unsere neuen Nachbarn, die zu uns gekommen sind, weil die Lebensumstände in ihrer Heimat unerträglich wurden.

Und doch sind sie anders. Ihre Sitten, ihre Kleider und ihre Kultur verraten eine Lebensweise, die auf einer anderen Religion fußt

---

1 http://www.spiegel.de/politik/deutschland/mehrheit-sieht-islam-nicht-als-teil-deutschlands-a-984708.html (30.10.2014).

– und diese Religion nennen sie „Islam“. Dabei ist für sie der Islam weit mehr als religiöse Regeln und Kultgesetze. Er ist ein Lebensstil, eine Weltanschauung, eine Kultur. Und als solcher stellt er eine enorme Herausforderung für den Westen dar.[2]

Für uns Christen sind diese Menschen mehr als Nachbarn. Sie kennen Jesus nicht. Und wir sind aufgerufen, ihnen das Evangelium, die Gute Nachricht unseres Herrn Jesus Christus näher zu bringen. Das ist Gottes Befehl an uns. Aber dieser Auftrag erweist sich für die meisten christlichen Gemeinden in unserem Land als eine fast unüberwindliche Herausforderung. Keine andere Einwohnergruppe in unserem Land ist so evangelisationsresistent wie die Muslime. Aus keiner anderen Einwanderergruppe sind so wenige Menschen für den Glauben an Jesus Christus gewonnen worden. Seit Jahrzehnten bevölkern sie unsere Städte und oft sogar Dörfer. Warum kommt das Evangelium bei ihnen nicht an? Was machen wir falsch? Warum verstehen sie die beste Botschaft nicht? Und wie könnten wir es besser machen?

Freilich geht es nicht nur uns in Deutschland so. Man kann mit Recht behaupten, dass die Resistenz der Muslime gegenüber dem Evangelium ein globales Problem darstellt. Der Bericht der Lausanner Konsultation in Pattaya 1980 macht das unmissverständlich deutlich. Hier heißt es: „Sobald wir beginnen, auf die Muslime einzugehen, und versuchen, ihnen das Evangelium mitzuteilen, wird deutlich, wie schwer es ist, ihnen das Evangelium so zu sagen, dass sie es auch verstehen.“[3]

---

2 Gerhard Konzelmann sprach bereits 1991 von der islamischen Herausforderung für den Westen, weil der Islam sich zunehmend als die eigentliche monotheistische Alternative versteht (Konzelmann 1991:349ff; siehe auch Hofmann 1993, Malik 2004) und in den letzten Jahren alle Anzeichen zeigt, diese Alternative auch missionarisch durchsetzen zu wollen. Siehe hierzu z. B. Tibi 2008. Neben dieser weltanschaulichen Herausforderung stellt die Lebensweise der Muslime in Deutschland die deutsche Gesellschaft vor unzählige praktische Probleme, wie die Autoren des Handbuchs „Recht und Kultur des Islams in der Deutschen Gesellschaft“ (Khoury 2000) deutlich machen. Siehe auch das überaus interessante Buch von Abdullah „Was will der Islam in Deutschland?“ (Abdullah 1993).

3 LOP 13, S. 13-16. Übersetzung von mir.

„Wir sind eine mikroskopisch kleine Minderheit", sagen die Christen in Bangladesch häufig über sich selbst. Das ist verständlich. Schließlich gibt es in dem Land, das gut 130 Millionen Einwohner zählt, nur 400.000 Christen, das sind 0,3 Prozent der Gesamtbevölkerung. 88 Prozent sind Muslime, zehn Prozent Hindus und die restlichen zwei Prozent Buddhisten, Christen und andere.[4] Wie gewinnt man in einem Land wie Bangladesch Menschen für Jesus, die sich bewusst an den Islam halten?

Unsere Fragen sind also auch die Fragen der Christen in Bangladesch. Und in anderen Ländern werden die Christen mit Sicherheit die gleichen Fragen bewegen. In diesem Buch gehe ich solchen Fragen nach.

Die Einsichten, die ich weitergebe, kommen zum einen aus intensiven Studien des Islam und der Gemeindearbeit im islamischen Raum, aber auch aus persönlichen Erfahrungen mit Muslimen, die Gott durch mich zu Jesus führte. Viele von ihnen sind persönliche Freunde geworden. Sie haben wesentlich zu diesem Manuskript beigetragen. Und ich bedanke mich hiermit von Herzen für ihre Mitarbeit. Ohne euch wäre das Buch nie fertig geworden. Und diesen MBBs widme ich auch das Buch. Ich hoffe sehr, es hilft Christen im missionarischen Bemühen, Muslimen das Evangelium ans Herz zu legen.

Johannes Reimer
Bergneustadt, im Sommer 2015

---

4 http://www.wfn.org/2002/05/msg00096.html (18.06.2006).

Kapitel 1:

Muslime – unsere Nachbarn

1. Der Islam – eine Religion der Unterwerfung

Die Muslime nennen ihre Religion *Islam.* Dieser Begriff ist vom arabischen Verb *aslama* („übergeben, sich ergeben, sich hingeben") abgeleitet und bedeutet „Unterwerfung (unter Gott)", „völlige Hingabe (an Gott)".[5] Immer wieder behaupten Muslime, dass die Bezeichnung ihrer Religion vom Begriff Salam, was Friede bedeutet, abstamme. So schreibt Dr. Abdul Al-Sheha: „Islam ist eine Ableitung aus dem Wort ‚Der Frieden' (As-Salam); er bedeutet die seelische und körperliche Hingabe und Unterwerfung an den Besitzer allen Reichtums, Allah, den Herrn der Welten."[6] Dies ist eine Behauptung, die so weder im Koran noch in den Kommentarwerken islamischer Gelehrter nachweisbar ist. Zwar ist einer der Namen von Allah *As-Salam* (Sure 59,23) und die Anhänger des Islam werden verpflichtet, sich mit der Friedensformel *Salam* zu grüßen (Sure 6,127), und ihnen wird im Paradies eine Wohnstätte des Friedens versprochen (Sure 33,44); davon aber die Bedeutung, ja gar das Wesen der Religion abzuleiten, ist mehr als gewagt. Al-Sheha schreibt: „Der Islam ist die Religion des umfassenden Friedens im vollkommenen Sinne des Wortes, ob es sich auf die interne Ebene der islamischen Gemeinschaft oder auf die externe, globale Ebene bezieht."[7] Worte, die zwar großartig klingen, allerdings weder mit der Theorie noch der Praxis des Islam übereinstimmen. Der Islam ist eine Religion der Unterwerfung, „... ein Glaube, eine Lebensweise und eine Bewegung zur Aufrichtung der islamischen Ordnung in der Welt", so definiert der Islamrat

5 Vgl. Gardet 1978:171.

6 Al-Sheha:9.

7 Ebd:11.

für Europa seine Religion.[8] Damit ist der Islam als eine Lebensanschauung beschrieben, die Exklusivität in Fragen des Glaubens und der rechten Lebensart beansprucht und diese auf alle Menschen ausdehnen möchte.

Das Heilige Buch des Islam, der Koran, bestätigt das. In Sure 3,19a heißt es: „Als (einzig wahre) Religion gilt bei Gott der Islam."[9] Folgerichtig ist ein Muslim jemand, der sich rücksichtslos der Lebensweise des Islam unterworfen hat. Das arabische Wort *Muslim* heißt „sich Ergebender oder Unterwerfender".[10] Und wie treu Muslime ihrem Glauben bleiben, kann man mittlerweile überall in Europa sehen. Wie keine andere religiöse Gemeinschaft leisten sie sowohl den Bekehrungsversuchen der Christen, als auch dem Säkularismus Widerstand.[11] Überall in Europa entstehen Parallelwelten der Muslime, die einheitlich-kulturelle Gemeinwesen infrage stellen und vor neue Herausforderungen bringen.

1.2. Nachbarschaft bewusst leben

Die wachsende Anzahl muslimischer Nachbarn versetzt nicht von ungefähr gerade die christlichen Gemeinden in Unruhe. Wie sollen wir Christen mit diesem so anders geprägten Glauben umgehen? Wie sollen wir den Muslimen begegnen? Und wie können wir ihnen schließlich das Evangelium so verkündigen, dass sie es verstehen und annehmen? Im Rahmen dieser Darstellung ist die Frage berechtigt, wie wir christliche Gemeinden in Lebensräumen mit einer starken islamischen Präsenz bauen können. In wieweit lassen sich Menschen mit muslimischem Hintergrund in den Strukturen christlicher Gemeinden auffangen? Oder ist es eher angebracht, an völlig andere Strukturen zu denken, wenn man Muslime mit dem Evangelium erreichen und sie in christliche Gemeinden integrieren möchte? Wie gewinnt man Menschen für

8 Zit. nach Tröger 2004.

9 Ich zitiere den Koran hier und weiterhin durchgehend nach der deutschen Übersetzung von Rudi Paret (1989).

10 Hughes 1995:550.

11 Tibi 2008:37ff.

Jesus, die uns fremd sind, uns Angst machen und sich kaum an unsere Lebensweise anpassen wollen?

Bei der Beantwortung dieser Fragen kann es weder darum gehen, den Islam zu verteufeln, noch ihn zu beschönigen. Menschen müssen so, wie sie sind, und da, wo sie sich befinden, ernst genommen und geliebt werden, wenn wir sie für das Reich Gottes gewinnen wollen. So und nicht anders hat es Jesus getan. Wer einmal einen wahren Freund unter den Muslimen gefunden hat, der kann mir nur recht geben. Ihre Gastfreundschaft wird nicht von ungefähr als eine der besonderen, orientalischen Tugenden gepriesen. Freilich gibt es auch die anderen Muslime. Die Militanten. Den IS und ähnliche Gruppen. Doch alle Muslime in dieses Schema zu pressen, ist grundlegend falsch. Genauso wenig kann man einen einheitlichen islamischen Glaubens- und Lebensraum postulieren. Die Lektüre dieses Buches wird zeigen, wie bunt die Welt des Islam ist. Jede Verallgemeinerung kommt daher einer potenziellen Verunglimpfung aller gleich. Und davon sollten wir Christen uns bewusst und entschieden distanzieren.

Muslime kommen aus einer anderen Kultur. Und dieses Anderssein macht es uns oft schwer, sie zu verstehen. Doch wenn man einmal verstanden hat, warum sie so und nicht anders denken und handeln, dann kann ein Dialog beginnen, der zur Freundschaft führt und schließlich auch ein Gespräch über den Glauben möglich macht. Setzt doch gerade Evangelisation ein Vertrauensverhältnis voraus.

Die Evangelisation muslimischer Nachbarn kann gelingen. Aber sicher nicht in Konfrontation, sondern in bewusster und gewollter Nachbarschaft. Wo Menschen, die selbst großen Wert auf Gastfreundschaft legen, es erleben, dass sie in der neuen Heimat willkommen sind, wo man ihnen nicht mit Vorwürfen, sondern mit Liebe entgegentritt, da ist sehr vieles möglich. Dieses Buch will dazu beitragen.

1.3. Aber der Glaube der Muslime ist doch antichristlich

Ich höre schon die Kritiker rufen: „Und der Glaube? Der Islam? Handelt es sich hier nicht um ein antichristliches religiöses Gebilde? Ist der Islam nicht etwa die Brutstätte des antichristlichen Reiches der Endzeit, wie man es heute so oft hören und lesen kann?“[12]

Sicher wird das gesagt. Und sicher gibt es auch unter uns Christen solche, die sich weniger für Mission und Evangelisation einsetzen, sondern die mit der Endzeit und ihren möglichen Gefahren beschäftigt sind. Ich will ja gar nicht bestreiten, dass auch diese Fragen wichtig und wert sind beantwortet zu werden. Nur nicht hier. In diesem Buch geht es primär um die Frage nach der effektiven Kommunikation des Evangeliums und nicht um Entschuldigungen, warum man sich damit nicht beschäftigen will.

Die Frage nach dem Grad der Dämonisierung des Islam ist wichtig, darf uns aber nicht davon abhalten, nach Wegen zu fragen, wie wir Muslime für Jesus gewinnen. Zumal wir keine Weltreligion und damit auch nicht den Islam als gänzlich korrumpiert und vom Bösen durchdrungen ansehen. Wir orientieren uns an der tripolaren Natur aller Religionen, wie in der Einführung zu dieser Serie diskutiert.[13] Danach finden sich im Islam sowohl Spuren göttlichen Wirkens (theonome Dimension), menschlichen Handelns (anthropologische Dimension) als auch Zeichen dämonischen Wirkens (dämonologische Dimension). Wir können und wir werden okkulte Seiten des Islam nicht verschweigen, genauso wenig wie die Tatsache, dass auch im Islam nach Spuren göttlichen Wirkens gefragt werden kann.

Wer Muslime zu Jesus führen will, der hat an erster Stelle die Muslime als Menschen im Blick. Sie sind ohne Jesus verloren und ermangeln der Herrlichkeit, die sie bei ihm haben könnten. Und Gott will, dass auch sie gerettet werden und zur Erkenntnis der Wahrheit kommen (1Tim. 2,4). Und wenn wir sie zum Glauben an Jesus führen wollen und unter ihnen Gemeinde Jesu bauen wollen, dann sollten wir lernen, sie zu verstehen und zu lieben. Nur so kann Vertrauen zwischen uns entstehen. Und nur so wer-

12 Siehe z. B. Baar 1979; Massih 1994, u. a.

13 Reimer 2015.

den wir fähig, sie auf ihrem Weg mit Gott zur vollen Erkenntnis der Wahrheit zu führen, die Jesus Christus allein ist (Joh. 14,6).

1.4. Learning by doing

Der bekannte Islamkenner Kenneth Gragg schrieb: „Um in den Islam eingeführt zu werden, ist es besser, eine Moschee aufzusuchen, als zu einem Lexikon zu greifen.“ Wer auch nur kurz mit Muslimen in Kontakt gekommen ist, weiß, wie wahr dieser Satz ist. Muslime können nur dann wirklich verstanden werden, wenn man sich auf sie einlässt. Nicht zuletzt deshalb möchte ich die Leser dieses Buches ermutigen, nicht bei den hier vorgefundenen Informationen stehen zu bleiben, sondern diese durch das Gespräch mit Muslimen zu ergänzen. Sie werden erstaunt entdecken, wie gern diese Menschen über ihren Glauben und ihre Kultur reden, sobald sie merken, dass unser Interesse echt ist. Und wenn sie sich erst einmal verstanden fühlen, so wird auch ihr Interesse uns gegenüber wachsen. Erst so wird eine Beziehung möglich, die allein den Grund für echte Evangelisation und Gemeindebau bietet. Wir sollten den Mut aufbringen, auf Muslime zuzugehen, sie kennenzulernen, sie nach ihrer Geschichte, ihrem Glauben und ihrem Erleben zu fragen. So werden wir die Grundlage für ein echtes Vertrauensverhältnis zu ihnen legen und auf dieser Basis können wir sie dann für Jesus gewinnen.

In diesem Buch finden Sie Anregungen, Impulse und allgemeine Informationen, die das Gespräch mit Muslimen vertiefen und kompetenter machen sollen. Achten Sie dabei auf beides: (a) Hinweise auf mögliche Anknüpfungspunkte in der Geschichte des Islam und im Koran und (b) auf Gefahren, synkretistische Fallen, die der Islam aufstellt. Die positiven Impulse sind mit einem Ausrufezeichen! markiert, während die Gefahren mit einem Fragezeichen? gekennzeichnet sind. Am Ende eines jeden Kapitels können Sie sich persönliche Eindrücke, Erkenntnisse und Fragen zur Weiterarbeit notieren. Falls Sie sich dazu entschließen, das Buch parallel zu einer sich entwickelnden Freundschaft zu Muslimen zu lesen, notieren Sie sich potenzielle Einwände Ihrer Gesprächspartner. So wird Ihr Lernen intensiviert und Sie gewinnen das meiste aus der Lektüre dieser Handreichung.

Kapitel 2:

Wie der Islam begann

2.1. Muhammad – der Gründer

2.1.1. Vom Waisen zum reichen Geschäftsmann

Dar al-Islam, das Haus des Islam, eine unter Muslimen typische Selbstbezeichnung ihrer Religion, ist das jüngste religiöse Gebäude im großen Chor der Weltreligionen. Es führt seine Entstehung auf den Propheten des Islam, Muhammad, zurück.[14] Sein voller Name heißt: Abū l-Qāsim Muhammad ibn Abd Allāh ibn Abd al-Muttalib ibn Hāschim ibn ʿAbd Manāf al-Quraschī. Er wurde nach der Tradition um das Jahr 570 n. Chr. in die Familie eines verarmten Mitglieds der Haschim-Sippe im arabischen Stamm Quraisch mit dem Namen Abdallah, des Sohnes von Abd al Mutalib, in Mekka im Westen Arabiens geboren.[15]

Nichts deutet auf eine auch nur irgendwie gestaltete Bedeutung dieses Mannes in seinem Stamm hin. Weder war er gebildet noch gehörte er zur Führungsschicht seines Stammes. Sein Vater starb vor seiner Geburt. Und die Mutter Amina verlor er, als er sechs Jahre alt war. Der Tradition nach wurde Muhammad nach seiner Geburt zu der Amme Halīma bint Abī Dhuʾaib gegeben, wo er zwei Jahre unter den Nomaden in der Wüste lebte. Nach dem Tod seiner Mutter nahm ihn sein Großvater ʿAbd al-Muttalib auf. Aber auch er starb zwei Jahre später. So kam der achtjährige Junge in den Haushalt seines väterlichen Onkels Abū Tālib, der als

14 Zur frühen Geschichte des Islam liegen uns hervorragende Darstellungen vor. Siehe z. B.: Ohlig 2007; Endreß 1991; Schirrmacher 1994a:7-111; u.a.

15 Die Angaben zum Leben und Werk des Gründers des Islam sind wissenschaftlich umstritten. Siehe z. B. Ohlig 2007:327-376; Krämer 2005:17ff. Eine gute Darstellung aus der Sicht der Muslime stellt das Buch von Tariq Ramadan (2007) dar.

Händler tätig war. Man kann sich recht bildhaft vorstellen, was der kleine Muhammad alles zu erdulden hatte. Ein Waisenkind ohne Heimat und Hof.

Die Jahre im Haus seines Onkels waren von harter Arbeit geprägt. Mehrere Jahre hütete Muhammad die Schafherden seines Verwandten. Als er etwas älter wurde, nahm der Onkel ihn auf seine Geschäftsreisen mit. Von zwei solcher Reisen nach Syrien berichtet die Tradition.[16] Dabei muss Muhammad wohl nicht nur Interesse für Handel und ferne Länder entwickelt haben, sondern auch ein gewisses Talent und die Fähigkeit, Menschen zu führen. Denn auch als er das Haus seines Onkels verlässt, bleibt er im Handel und arbeitet für die Kaufmannswitwe Chadidscha, die dem jungen Mann nach dem Tod ihres zweiten Mannes etwa im Jahre 595 anbietet, sie zu heiraten.

Chadidscha bint Chuwailid (555?–619) aus dem angesehenen quraischitischen Geschlecht ʿAbd al-ʿUzzā war fünfzehn Jahre älter als Muhammad. Ihr Status und Reichtum machten Muhammad finanziell unabhängig und öffneten ihm den Weg in die Führungsschicht seines Stammes. Im Koran heißt es dazu: „Hat er (Gott) dich nicht als Waise gefunden und (dir) Aufnahme gewährt, dich auf dem Irrweg gefunden und rechtgeleitet, und dich bedürftig gefunden und reich gemacht?" (Sure 93,6-7).

Die Heirat änderte das Leben des jungen Mannes. Rasch entwickelte er den Handel seiner Frau weit über die Grenzen des eigenen Stammes hinweg. Dem Ehepaar wurden mehrere Kinder geboren, wobei nur die Tochter Fatima Nachkommen hinterließ.[17] Von ihr stammen die Nachkommen Muhammads ab.

2.1.2. Vom Heidentum zum Monotheismus

Die arabischen Stämme zur Zeit Muhammads waren in ihrer Mehrheit Heiden. Über ihre Gottheiten gibt es heute nur wenige wissenschaftlich zuverlässige Quellen. Das wichtigste Werk, auf

16 Nagel 2008: 52.

17 Über die Kinder, die aus dieser Ehe hervorgegangen sind, siehe: Kister 1993:59–95.

das wir uns heute in der Frage stützen, stammt vom Historiker Ibn al-Kalbi (etwa 730–819/821).[18] In seinem *Kitab al-Asnam*, dem „Götzenbuch“, beschreibt er die altarabischen Gottheiten und die mit ihnen verbundenen Sitten überwiegend nach mündlichen Überlieferungen seiner Zeit.[19] Das Werk ist in den Jahrhunderten danach immer wieder zitiert und ergänzt worden.

Auch muslimische Autoren verweisen auf die polytheistische vorislamische Religion der Araber.[20] Allerdings betonen sie die Tatsache, dass die Araber ursprünglich Monotheisten waren und das Heiligtum der Araber in Mekka, die Kaaba, von Abraham (Ibrihim) und Ismael gebaut worden sei. In Sure 3, Vers 96-97, wird die Kaaba als das ursprüngliche Zentrum des Monotheismus gepriesen. Hier heißt es:

> „Das erste (Gottes)haus, das den Menschen aufgestellt worden ist, ist dasjenige in Bakka (Mekka), (aufgestellt) zum Segen und Rechtleitung für die Menschen in aller Welt. In ihm liegen klare Zeichen vor. (Es ist) der (heilige) Platz Abrahams.“

Die Araber sind jedoch der Götzenanbetung verfallen. In der arabischen Geschichtsschreibung wird hierfür ein gewisser ʿAmr b. Luhaiy vom Stamme der Khuza'a verantwortlich gemacht.[21] Auf ihn führen auch die islamischen Exegeten des Korans den Götzendienst unter den Arabern zurück.[22] Den Götzen wurden Orte, Steine und auch Bäume geweiht, die von den heidnischen Arabern verehrt wurden. Einer dieser Steine, die Kaaba in Mekka, wurde

18 Siehe über ihn: Atallah 1978: 494-496.

19 Das Buch ist in deutscher Übersetzung unter dem Titel: *Das Götzenbuch Kitāb al-aṣnām des Ibn al-Kalb*. Übersetzung mit Einleitung und Kommentar von Rosa Klinke-Rosenberger im Jahre 1941 in Leipzig erschienen (al-Kalbi 1941).

20 Siehe allen anderen voran das Werk al-Tabaris, das auch in englischer Übersetzung vorliegt (al-Tabari 1997).

21 The Encyclopaedia of Islam. Art. ʿAmr b. Luḥayy New Edition. Brill, Leiden, Bd. 1:453.

22 So in der Kommentierung von Sure 5,103 und Sure 71,23. Siehe z. B.: *The Encyclopaedia of Islam,* aaO:997.

von Muhammad und seinen Nachfolgern auf Ibrahim zurückdatiert und wird trotz seines offensichtlich heidnischen Ursprungs bis heute verehrt.[23] Auch der berühmte Rundgang um die Kaaba hat heidnische Wurzeln.[24]

Die Araber verehrten eine größere Anzahl von Götzen, sowohl in männlicher als auch in weiblicher Gestalt, die man in Haupt- und Lokalgottheiten unterschied. Auch Allah wurde von den vorislamischen Arabern als Hochgott verehrt, dem sie die Schöpfung der Welt zusprachen. Dass Muhammad bestens über die Verehrung Allahs durch seine Stammesbrüder Bescheid wusste, dafür spricht zum Beispiel der Name seines Vaters, Abd Allah (= Diener des Allah). In der Vorstellung der Araber herrschte Allah über alle anderen Götter.

Neben den Göttern verehrten die vorislamischen Araber offensichtlich Geister, die sie Dschinn nannten und die im Koran als dämonische Wesen wieder erwähnt werden. Im Koran wird an die arabischen Heiden der Vorwurf formuliert, sie würden Gott mit den Dschinn identifizieren (Sure 6,100; 37,158). Ibn al-Kalbi berichtet:

> „Geister und Götter unterscheiden sich nicht ihrer Natur nach, sondern nur durch die Art ihrer Beziehung zu den Menschen; die Geister scheut man und vermeidet ihre Wohnstätten, den Göttern begegnet man mit Zutrauen und sucht ihre Wohnstätten eigens auf, um ihnen Kult zu erweisen und Hilfe zu erlangen".[25]

Muhammad wuchs in einer religiös polytheistischen Welt auf. Die islamische Geschichtsschreibung ist sich einig, dass Muhammad auch selbst am Götzendienst seiner Landsleute teilnahm.[26] Ibn al-Kalbi, der Autor des „Götzenbuches", zitiert Muhammad bei der Beschreibung des Idols al-'Uzzā mit folgenden Worten: „Ich habe

23 Siehe mehr bei Rubin 1986:119-120.
24 Wellhausen 1961:10.
25 Henninger 1963:308.
26 Siehe eine Zusammenstellung in Guillaume 1960:27-28.

al-'Uzzā ein weißes Mutterschaf geopfert, als ich der Religion meines Volkes folgte."[27]

Dass seine Familie eine besondere Affinität für Allah, den Hochgott der Mekkaner hatte, dafür sprechen die Namen seines Vaters und seines Onkels, die beide Allah im Namen aufweisen. Es verwundert demnach wenig, dass auch er ein Diener Allahs wird. Die Frage ist nur, wie Muhammad zu seinem konsequenten Monotheismus kam. Denn Allah wurde zwar als Hochgott, jedoch nicht als der alleinige Gott von den Arabern verehrt.

2.1.3. Vom Suchenden zum Propheten

Laut Tradition pflegte Muhammad jedes Jahr einen Monat lang auf dem Berg Hira in der Nähe seiner Heimatstadt Mekka zu verbringen, um Buße zu tun. Hier soll ihm im Jahre 610 der Engel Gabriel im Schlaf begegnet sein und ihn zur Rezitation der ersten Offenbarung Allahs (Sure 96,1-5) gezwungen haben.[28] Diese Erfahrungen wiederholen sich. Und schon bald beginnt der Mann, seine Erlebnisse weiterzugeben. Seine „prophetische" Tätigkeit in Mekka beginnt, indem er als Verkündiger besonderer Offenbarungen des Gottes Allah auftritt. Bezeichnend ist, dass er dabei den göttlichen Alleinanspruch Allahs postuliert. Er versteht sich in dieser Phase als Warner, den Allah zu seinem Volk gesandt habe. In Sure 38,70 heißt es: „Mir wird nur eingegeben, dass ich (lediglich) ein deutlicher Warner sein solle, nicht mehr."

Die Mekkaner dulden anfänglich Muhammad und seine Lehren. Die Verehrung Allahs war ihnen ja nicht fremd. Er findet auch schnell Anhänger, die er Muslime nennt und die vor allem aus den ärmeren Schichten seines Stammes kommen. Erst als er beginnt, die Vielgötterei der Mekkaner direkt anzuprangern, formiert sich der Widerstand, was letztlich im Jahre 621 zu Auswanderungs-Verhandlungen des Propheten mit den Stammesführern in Yathrib, dem späteren Medina, führt. Diese laden ihn ein und bieten ihm entsprechenden Schutz an. Im Jahre 622 n. Chr. flieht

27 Wellhausen 1887:30.

28 Siehe zur Quelle und wissenschaftlichen Diskussion Sellheim 1987:4-5.

Muhammad mit wenigen Gefolgsleuten, die an seinen göttlichen Ruf glauben, in das 440 km entfernte im Norden liegende Yathrib. In der islamischen Geschichtsschreibung wird dieses Datum, der 24. September 622 n. Chr., als *Hidschra* gefeiert, dem Beginn einer neuen Zeitrechnung.[29]

Die soziale und politische Situation in Yathrib war eine andere als in Mekka. Im Unterschied zu seiner Heimatstadt fand Muhammad hier mehrere zum Teil miteinander rivalisierende Stämme vor. Außerdem lebten in der Oase Juden und Christen. Auch sie waren Monotheisten. Und Muhammad erkannte ihren Glauben als legitim an und bildete mit diesen in der Stadt einen gemeinsamen Lebensraum, eine Gemeinschaft der Gläubigen (*Umma).* Die polytheistischen Heiden sind allerdings aus dieser Gemeinschaft ausdrücklich ausgeschlossen.[30] Durch geschickte Manipulation der lokalen Autoritäten gelingt es Muhammad, an die Macht zu gelangen. Immer mehr Menschen schließen sich seinem Glauben an.

> Die Hinwendung eines Polytheisten zum Monotheismus ist an sich ein herausragendes Ereignis. Wie auch immer Muhammad zu seinen Überzeugungen gelang, für uns Christen sind sie bezeichnend und müssen entsprechend gewürdigt werden. Muhammad kann mit Recht den Anspruch für sich geltend machen, als Religionsreformer die Araber von der Vielgötterei zum Glauben an den einen Gott geführt zu haben, der als Schöpfer des Himmels und der Erde geglaubt und von Muhammad selbst in eine Reihe mit der jüdischen und christlichen Gottesvorstellung gestellt wurde. Das können, ja das müssen wir im Gespräch mit den Muslimen positiv erwähnen.

Und bald schon beginnt die politische und religiöse Eroberung Arabiens. In den Schlachten zu Badr (624 n. Chr.) und Uhud (625 n. Chr.) fordern die Muslime unter der Führung Muhammads die

29 Noth 1991:11-57.

30 Zum gesellschaftlichen Vertrag in Medina, siehe u. a. Gil 1974:44-66.

Mekkaner heraus, wobei sie in der zweiten Schlacht eine Niederlage erleiden. Aber Muhammad versteht es im Laufe der Jahre, durch Verträge und militärischen Druck seinen eigenen Stamm in Mekka weitgehend auf seine Seite zu ziehen, und acht Jahre nach seiner Flucht zieht der Prophet in Mekka als Sieger ein.

Es ist wichtig festzustellen, dass Muhammad nicht nur als der kluge Politiker und militärische Führer, sondern als der neue religiöse Führer der Araber nach Mekka einzieht. Und die Religion, die er seinen im Heidentum lebenden Landsleuten predigt, ist monotheistisch und beinhaltet viele Elemente des jüdischen und christlichen Glaubens der in der unmittelbaren Nähe lebenden Nachbarn. Diese christlichen Völker hatten einen sie einigenden Glauben und eine Offenbarungsquelle, die diese Einheit förderte. Nichts dergleichen hatten die arabischen Stämme. Sie waren zerstritten und in vielerlei religiöse Parteiungen gespalten. Hatte Muhammad diese politische und soziale Schieflage erkannt? Ist möglicherweise hier sein Suchen nach dem einen Gott und dem einen Wort für die Araber begründet?

Nur zwei Jahre nach der Eroberung von Mekka stirbt Muhammad am 8. Juni 632 nach seiner letzten Wallfahrt nach Mekka. Aber damit stirbt sein begonnenes Werk nicht. Die Ausbreitung des Islam auf der Welt beginnt – für die Muslime der Anfang einer neuen Heilsepoche.

2.1.4. Christlicher Hintergrund des Glaubens Muhammads?

Muhammad war etwa vierzig Jahre alt, als er seine „prophetische Berufung“ erhielt. Es ist anzunehmen, dass diese Berufung nicht zuletzt auf jüdische und christliche Einflüsse zurückzuführen ist. Arabien, die Geburtsstätte des Islam, war umringt von christlichen Ländern: Syrien, Ägypten, Palästina und Äthiopien. Muhammad scheint von den frühesten Jahren seines Lebens an eng mit dem Judentum und dem Christentum in Berührung gekommen zu sein. Es ist anzunehmen, dass er wenigstens zweimal in seinem Leben das christliche Syrien besuchte. Man sagt ihm eine besondere

Freundschaft mit den christlichen Mönchen Bahira und Nestor nach, die vermutlich zu den Nestorianern gehörten, was nachhaltig das Jesus-Bild des Muhammad beeinflusst hat. Immer wieder spürt man im Koran die Spannung zwischen dem göttlichen und dem menschlichen Wesen Jesu, die für die Nestorianer so typisch ist. Die Begeisterung Muhammads den Christen gegenüber ist immer noch in einigen Suren des Korans zu spüren, wie zum Beispiel in Sure 5,82, wo er die Priester und die Mönche der Christen dafür lobt, dass sie nicht arrogant sind.

Und dann ist es die Fixierung Muhammads auf Abraham als den Vater des Monotheismus, die seine Kenntnis des jüdischen und christlichen Glaubens untermauert. Eine wie auch immer geartete Verehrung Abrahams durch die polytheistischen Araber ist so nicht nachgewiesen. Auch die Festlegung auf die Kaaba als von Abraham und seinem Sohn Ismael gebautes Heiligtum geht auf Muhammad zurück und kennt keine vorislamischen Wurzeln. Und es ist dieser Bezug auf Abraham, der Muhammad schließlich eine weitere Annäherung an den christlichen Glauben unmöglich gemacht hat. Im Koran heißt es:

> „Und sie (d. h. die Leute der Schrift) sagen: ‚Ihr müsst Juden oder Christen sein, dann seid ihr rechtgeleitet.‘ Sag: Nein! (Für uns gibt es nur) die Religion Abrahams, eines Hanifen – er war kein Heide!“ (Sure 2:135).

Und: „Abraham war weder Jude noch Christ. Er war ein (Gott) ergebener Hanif und kein Heide“ (Sure 3:67).

Man geht heute auch davon aus, dass Muhammad sich am Anfang in seiner Gebetshaltung in Richtung Jerusalem ausrichtete. Erst nach den Spannungen mit den Juden in Medina änderte er seine Praxis konsequent auf Mekka.[31]

In Medina hat Muhammad nun einen offenen Zugang sowohl zu den zwei jüdischen Stämmen, der Banu'n-Nadir und Banu Qainuqa', als auch zu Christen. Diese lehnen jedoch seinen prophetischen Anspruch und vor allem den an den mekkanischen

31 Rubin 2008:350–351; 354.

Hochgott Allah gebundenen Monotheismus ab. Mit der wachsenden Ablehnung seiner von ihm geglaubten Berufung unter den Juden und Christen wächst auch Muhammads Ablehnung des Judentums und des Christentums. Die beiden jüdischen Stämme werden aus Medina vertrieben.[32] Begründet wird diese Ablehnung mit der „Vergöttlichung des Menschen Jesus“ und somit mit „Gotteslästerung“ (Sure 9,30.31).

Bei aller Berührung mit dem Glauben der Christen muss wohl doch angenommen werden, dass Muhammad das Christentum nur aus zweiter Hand kannte. Sein Wissen weist viele Lücken auf. Offensichtlich hat Muhammad nie selbst die christlichen Schriften gelesen, auch wenn es Hinweise darauf gibt, dass er vielleicht der Schriftlesung in syrischen Gottesdiensten beigewohnt hat. Aber er kannte die Schriften nicht und vermochte daher auch nicht zu sehen, dass zwischen seiner Lehre und dem Evangelium gravierende Unterschiede bestehen. Wie wenig ihm diese Unterschiede bewusst waren, zeigt die Tatsache, dass er die Christen aufrief, das Evangelium, *Injil*, zu studieren, um darin den Willen Allahs offenbart zu bekommen (Sure 5,50). Es ist unvorstellbar, dass unter dem Evangelium hier etwas anderes gemeint sein könnte als eben das Neue Testament, wie es uns heute bekannt ist.

> Muhammad bindet seinen neu gewonnenen Glauben bewusst an den mekkanischen Hochgott Allah. Er identifiziert diesen zwar mit dem Gott der Juden und der Christen. Aber eine solche Bindung erweist sich schnell als problematisch, öffnet sie doch Tor und Tür für synkretistisches Gedankengut.

2.2. Der Beginn eines neuen Reiches

Muhammad starb, als die meisten arabischen Stämme sich seinem religiösen Anspruch fügten. Mit der Eroberung Arabiens durch die Muslime begann der Siegeszug der jungen Religion durch den Vorderen Orient und Nordafrika. Die neue Ära, die mit der

32 Siehe dazu die Sure 59.

Flucht Muhammads und seiner Getreuen aus Mekka im Jahre 622 n. Chr. begann, *Hidschra* genannt, nahm nun Gestalt an.

Eine neue Heilsepoche setzt, so der Islam, andere Epochen voraus. Die Geschichte des Islam fällt laut dem Koran bis zum Kommen Muhammads stark mit der jüdisch-christlichen Heilsgeschichte zusammen, wobei der Koran zum Teil treu den biblischen Bericht wiedergibt. Immer wieder weicht der koranische Text aber auch vom biblischen ab.[33] Es ist wichtig, diesen heilsgeschichtlichen Zusammenhang zu beachten, wenn man das Gespräch mit einem Muslim sucht.

Die Geschichte der Ausbreitung des Islams nach dem Tode des Propheten ist komplex und kann hier nur kurz erwähnt werden.[34] Sie beginnt mit einer Blitzeroberung des Vorderen Orients. Nur vier Jahre nach dem Tod Muhammads (636–637 n. Chr.) besetzten die muslimischen Heere Damaskus und Jerusalem. Bis 640 n. Chr. fielen auch Ägypten und Persien und neun Jahre später Zypern. Keine hundert Jahre nach *Hidschra* beherrschte der Islam einen Großteil Kleinasiens, Zentralasiens und ganz Nordafrika und drohte dem christlichen Europa vor den Toren Frankreichs (Schlacht bei Tours – 732 n. Chr.).

Ein riesiges Imperium entstand. Ein Imperium, welches schon bald nicht nur politisch, sondern vor allem auch kulturell an großer Bedeutung gewann. Islamisches Gesetz, Kunst, Wissenschaft und Architektur verschlagen einem selbst heute noch den Atem, wenn man die entsprechenden Städte in Asien, Afrika oder auf der iberischen Halbinsel besucht. Der neue Glaube schien sich nicht nur politisch, sondern vor allem auch kulturell gegen das Christentum durchzusetzen.

---

33 Zu der Abhängigkeit des qur'anischen Textes von der Bibel auf der einen und den entsprechenden textlichen Abweichungen auf der anderen Seite siehe Masood 2001.

34 Zur Entwicklung und Geschichte des Islams, siehe Schirrmacher 1994a:92-111. Kellerhals 1956:85-104; Haarmann 1991; u. a.

2.3. Der Islam und die Moderne

Der Islam weist eine reiche und faszinierende Kulturgeschichte auf, die sich besonders in der Zeit des ersten islamischen Reiches der Abbasiden-Dynastie entwickelte[35] und heute noch den touristischen Betrachter in Bewunderung versetzt. Dieses Reich ging aber in den Mongolenstürmen im Jahre 1258 unter. Seitdem hat es der Islam nicht mehr verstanden, im Weltmaßstab Wesentliches zu leisten. Das zweite „türkische" islamische Reich blieb ein relativ kranker „Mann am Bosporus". Die Zivilisation, so fest sie einmal zur Kultur des Islam gehörte, schien nun anderswo, vor allem im christlichen Europa, weiterentwickelt zu werden.

Mit der napoleonischen Invasion in Ägypten (1798) schwappte die militärisch-technische Überlegenheit des Westens über den islamischen Osten. Diese Begegnung, die Jahrhunderte dauern sollte, riss den Islam auf nahezu allen Gebieten des Lebens in eine tiefe Krise. Begriffe wie soziale Gerechtigkeit, Reform, Individualität, aber auch Nation drangen in eine Welt, die noch bis vor Kurzem vor allem den gemeinschaftlichen Wert des Daseins betonte.[36]

Die vom Christentum geprägten Kolonialmächte zwangen den Ländern ein Schulwesen und eine Gerichtsbarkeit auf, die sich nicht immer und auch nicht überall mit dem islamischen Recht, der *Scharia*, vereinbaren ließ – denken wir nur an die Familienordnung und die Stellung der Frau in der islamischen Gesellschaft. Die alte qur'anische patriarchalische Ordnung wurde infrage gestellt. Und der einheitliche politische Raum des Islam? Wenn er denn je wirklich existierte, zerfiel er in eine Fülle von Nationalstaaten, die sich bald nach der Entkolonialisierung die bittersten Kriege lieferten. Von einer islamischen Einheit konnte nicht mehr die Rede sein.

All das mag erklären, warum der moderne Muslim heute einen tiefen Minderwertigkeitskomplex hat und infolge dessen der Begegnung mit dem Westen ein tiefes Misstrauen entgegenbringt.

35 Nagel 1991:101ff. Eine hervorragende Einführung in die islamische Kultur und Kulturgeschichte bietet das *„Lexikon der islamischen Kultur"*, hrsg. von Ives Thoraval (1999).

36 Ende/Steinbach 1991:105-131.

Vor allem auch, weil die westliche Überlegenheit von den zwei Bruderreligionen, dem Judentum und dem Christentum, auszugehen scheint, die man seit den Zeiten Muhammads als Vorläufer des eigenen Glaubens angesehen hat.

Wie tief Muslime diese Krise empfinden, das kann man heute noch da studieren, wo der Westen mit dem Islam politisch zusammenstößt. Die Irak-Krise macht den Konflikt sehr gut deutlich.

Am besten ist dieser Konflikt aber am Verhältnis der Muslime zu Israel ablesbar. In Israel ist der Islam nicht nur dabei, die drittwichtigste Wallfahrtstätte seiner Religion (Jerusalem) an die als westlich und modern angesehenen Juden zu verlieren, sondern es wird deutlich, dass sich die geglaubte religiöse Überlegenheit der Muslime vor den Juden, die schon von Muhammad immer wieder betont wurde, politisch nicht mehr umsetzen lässt Die Palästina-Frage besitzt daher tiefe religiöse Wurzeln.

2.4. Der Westen als Zufluchtsort

Trotz der oben beschriebenen Problematik ist es immer wieder der Westen, in den die Muslime vor den Konflikten in ihren islamischen Ländern fliehen. In den westlichen Demokratien finden muslimische Frauen und Männer eine gewisse Sicherheit, die ihnen in der Heimat verloren gegangen ist: Die muslimischen Kurden fliehen vor den Massakern ihrer türkischen Glaubensgenossen, die afghanischen Schiiten vor dem Terror der sunnitischen Taliban usw.

Längst stellt die Anzahl der Muslime in den führenden westlichen Ländern eine ernst zu nehmende Minderheit dar, vor allem in religiösen Fragen. Denn während die Muslime im Westen ihre politische Zuflucht suchen, lehnen sie die Religion und Ideologie des Westens meist ab. Somit ist der Islam zu einer Realität in den Städten und Dörfern Deutschlands[37] geworden. Für die christliche Gemeinde ist das sicherlich eine der größten missionarischen

37 Zum Leben der Muslime im europäisch ländlichen Bereich siehe die bemerkenswerte Veröffentlichung von Jürgen Miksch und Anja Schwier „Islam in europäischen Dörfern“ (2002).

Herausforderungen der Zukunft. Die Frage ist daher von größter Bedeutung: Wie begegnen wir Christen unseren muslimischen Nachbarn? Und wie können wir sie für Christus gewinnen?

2.5. Das Haus auf der anderen Seite der Straße

Dar al-Islam, das Haus des Islam, ist groß. Millionen von Menschen gehören heute dazu: Araber, Türken, Kurden, Tschetschenen, Kasachen, Indonesier, Sudanesen, Lybier, Marokkaner und Malaien, um nur einen kleinen Ausschnitt aus dem bunten Völkerteppich des Islam zu nennen. Nur wenige dieser Menschen haben sich bis jetzt für den Glauben an Jesus Christus entschieden. Warum? Was hält die Muslime von der Annahme der Erlösung in Jesus Christus fern? Ihr Glaube? Ihre Kultur? Wir Christen? Oder all das zusammengenommen? Wer sich auf das missionarische Gespräch mit den Muslimen einlassen will, der sollte sich diesen Fragen stellen. Und die Antwort darauf wird man nur finden, wenn man das Haus des Islam studiert.

Kapitel 3:

Was glauben die Muslime?

3.1. Glaubensbekenntnis und Glaubenssätze

Das Glaubensbekenntnis des Islam ist kurz und einprägsam: „Es ist kein Gott außer Allah und Muhammad ist sein Prophet.“[38] Erst im Laufe der Jahrhunderte hat sich die islamische Theologie darum bemüht, diesen Glaubenssatz in sechs Lehrsätze zu zergliedern: die Lehre

von Gott,
von der Offenbarung,
von den Propheten,
von den Engeln,
vom Gericht,
von der Vorherbestimmung.

Glauben im Islam bedeutet also, die formulierten Glaubenssätze innerlich anzunehmen und dann im praktischen Leben auch umzusetzen. Das Wort für den Glaubensakt, *iman*, und das Wort für den Glauben an sich, *islam* (Unterwerfung, Hingabe), können als Wechselbegriffe gebraucht werden. Glaube wird hier demnach als ein praktisches Gehorsams-Verhältnis zum Geglaubten definiert. Wer glaubt, der lebt in Unterwerfung. Theologie und Praxis sind in jeder Hinsicht vom Glaubensanspruch her untrennbar. Ob man glaubt, wird im Lebenswandel, im absoluten Gehorsam sichtbar. So die Theorie. Im Zentrum steht damit Unterwerfung, blinder Gehorsam und nicht, wie im Christentum, eine persönliche Beziehung. In der Tat hat sich Allah nicht einmal seinem Gesandten Muhammad direkt offenbart, sondern – so die koranische Tradition

38 Hughes 1995:102.

– den Engel Gabriel gesandt. Dieser hat den Propheten aufgerufen, die Offenbarung zu rezitieren, wiederzugeben (Sure 96,1-3). Nicht der Diskurs, nicht Nachdenken und Verstehen, sondern Wiedergabe und Gehorsam sind hier gefragt. Was sollen nun Muslime glauben und wie sollen sie sich Allah, ihrem Gott, unterwerfen?

> Muslime wissen bestenfalls, was ihr Gott von ihnen verlangt. Eine persönliche Beziehung zu Allah ist ihnen fremd.

3.2. Muslime glauben an einen Gott, den sie Allah nennen

Muslime nennen „Gott“, wie sie ihn verstehen, Allah. Man kann mit großer Wahrscheinlichkeit davon ausgehen, dass dieser Name aus der gleichen semitischen Wurzel stammt wie auch der hebräische Gottesname El (Elohim) und das aramäische alaha.[39] Es ist eine Gattungsbezeichnung Gottes auf der einen Seite, aber auch der Name eines in Mekka lange vor Muhammad verehrten Hochgottes. Archäologisch ist auch nachgewiesen, dass der Begriff in der vorislamischen Zeit von Christen benutzt wurde, um Gott den Schöpfer zu bezeichnen. Der Begriff entstammt dem arabischen *al* = der und *ʾilāh* = Gott, Gottheit und kann daher als „Der Gott“ übersetzt werden.

Wie stellen sich die Muslime Allah, Gott, vor? Die islamische Gotteslehre baut auf den Koran auf. In Sure 112 heißt es klassisch:

> „Sprich: Er ist der eine Gott; er zeugt nicht und wird nicht gezeugt, und keiner ist ihm gleich.“

Gott ist also für Muslime der Einzigartige und der EINE Gott. Die Einzigartigkeit Gottes, *tauhid*, ist den Muslimen von zentraler Bedeutung. In der christlichen Lehre von der Dreieinigkeit Gottes liegt daher auch das größte Ärgernis für einen Moslem.[40]

---

39 Siehe mehr in der Encyclopedia of Islam. New Edition. Brill, Leiden. Bd. 1, S. 406 (Allāh). Zur Etymologie des Namens Allah und Ilāh siehe Bd. 3, S. 1120 (Ilāh).

40 Siehe mehr bei Kellerhals 1993:72-75; Schirrmacher 1994a:215ff.

Mehr noch ist Allah aber auch allmächtig und über alles erhaben. In den allerhöchsten Tönen lobt der Koran die Allmacht Allahs (siehe z. B. die Sure 2,256; 40,64-70). Er ist der Schöpfer und Erhalter der Welt. In Sure 7,54 heißt es:

> „Euer Herr ist Gott, der die Himmel und die Erde in sechs Tagen erschaffen hat und sich daraufhin auf dem Thron zurecht setzte."

Und schließlich glaubt der Muslim, Allah in seinen Eigenschaften zu begegnen.[41] Besonders bei den islamischen Mystikern ist das Gebet zu den 99 schönsten Namen Allahs beliebt, das sie anhand eines Rosenkranzes beten. Samuel Zwemer hat diese Namen, die zum Teil echt biblische Vorstellungen enthalten, wie z. B. der König, der Friede, der Heilige usw. folgendermaßen zusammengestellt:[42]

7 Namen für die Einheit und die Absolutheit Allahs
5 Namen für die Schöpfungstaten Allahs
24 Namen für die Barmherzigkeit und Gnade Allahs
36 Namen für die Allmacht Allahs
5 Namen für die Eifersucht Allahs
4 Namen für das Gericht Allahs

Bezeichnend ist in dieser Liste die Tatsache, dass hier Beziehungsbegriffe wie Liebe völlig fehlen. Zwar redet auch der Qur'an von der Barmherzigkeit und Liebe Gottes zu den Menschen, doch diese Liebe darf nicht mit grenzenloser Zuneigung, wie sie im Neuen Testament zum Ausdruck kommt,[43] gleichgesetzt werden. In Sure 3,31 lesen wir:

---

41 Schirrmacher 1994a:217-226.

42 Zit. nach Caner 2003:109.

43 Im Neuen Testament ist Gott ein Gott der Liebe (1Joh. 4,8.16). Sein Wesen ist Liebe (1Joh. 4,9) und von ihm geht Liebe aus (1Joh. 4,7).

> „Sage: Wenn ihr Gott liebt, dann folgt mir, so wird Gott euch auch lieben und euch eure Schuld vergeben. Gott ist barmherzig und bereit zu vergeben."

Allah liebt die Menschen nicht voraussetzungslos. Seine Liebe ist konditioniert. Nur wer ihm bedingungslos gehorcht, kann sich seiner Liebe sicher sein. Allah wird als allmächtig und einzigartig beschrieben, barmherzig[44] und gnädig, aber eine Möglichkeit der persönlichen Beziehung zwischen ihm und seiner Schöpfung, den Menschen, gibt es nicht. Christine Schirrmacher urteilt richtig:

> „Der Koran stimmt dort mit der Bibel nicht mehr überein, wo Gott mit einem Menschen oder seinen Gefühlen und Eigenschaften verglichen oder dazu in Beziehung gesetzt wird. [...] Wenn sich der gnädige und barmherzige Gott im Koran den Menschen zuneigt, dann bedeutet dies, dass er ihnen für seine Offenbarung das Ohr öffnet und sie den richtigen Weg führt."[45]

3.3. Muslime glauben an die Offenbarung dieses Gottes, die in ihren „Heiligen Büchern" niedergeschrieben worden ist.

3.3.1. Der Koran

Der Islam ist eine Religion, die ausschließlich auf „Offenbarung" basiert. Diese „Offenbarung" wird dem Muslim im Koran, dem Heiligen Buch, zuteil.[46] Und der Koran wurde von Muhammad, dem Propheten, von Allah empfangen. Im Koran selbst heißt es: Der Koran „... ist vom Herrn der Welten herabgesandt. Der treue Geist hat ihn herabgebracht, auf dein Herz, damit du ein Warner sein mögest" (Sure 26,192-194).

---

44 In der Sure 7,156 formuliert der Koran gar: „Aber meine Barmherzigkeit kennt keine Grenzen."

45 Schirrmacher 1994a:218.

46 Zu Wesen, Struktur und Aufbau des Korans siehe: Kellerhals 1993:79-82; Schirrmacher 1994a:112ff.

Ursprünglich war Muhammad der Auffassung, dass die „Offenbarung Allahs“ in einer himmlischen Urschrift, der „Mutter der Schrift“ (Sure 43,3), der „wohlbehüteten Tafel“ (Sure 85,22), aufbewahrt wird und dass die Heiligen Bücher der drei monotheistischen Religionen (Judentum, Christentum und Islam) nur Abschriften davon darstellen, wobei jede Abschrift die nationalen Bedürfnisse der einzelnen Völker, denen die Offenbarung gegeben wurde, berücksichtigt. So sei den Juden die *Thora*, den Christen das *Evangelium* und den Arabern der *Koran* gegeben worden.

Später, als Muhammad bei den Juden und Christen auf Widerstand stieß, wie sie seine prophetische Sendung nicht anerkannten, änderte er seine Haltung gegenüber den Heiligen Schriften der Juden und Christen. Jetzt behauptete er, die Juden und Christen hätten einen Teil der göttlichen Schriften verfälscht (Sure 4,48; 5,16.45) und auch sonst die Gebote Gottes vergessen (Sure 5,16).[47] Deshalb muss die Haltung eines Muslims diesen Offenbarungsquellen gegenüber eine eher kritische, wenn nicht feindselige sein, denn die Inspiration der Bibel im Alten wie im Neuen Testament ist im Vergleich mit dem Koran als niedriger eingeschätzt.

Der Koran selbst wurde, laut Überlieferung, von Muhammad verschiedenen Schreibern diktiert, vor allem aber seinem Adoptivsohn, dem ehemaligen Sklaven Zaid, nach empfangener „Offenbarung“, die ihm durch den „Engel Gabriel“ überbracht wurde. Die Bezeichnung selbst geht auf das Wort *karaa* zurück, das Muhammad bei seiner ersten „Offenbarung“ vernommen hat, und bedeutet soviel wie „lesen“, „rezitieren“ oder „vortragen“.[48]

Der heutige Text des Korans wurde erst nach dem Tode Muhammads von Zaid im Auftrag des Kalifen Uthman (644–656) zusammengestellt, wobei ihm drei geborene *Kuraischiten* (Mitglieder des führenden mekkanischen Stammes) zur Seite gestellt wurden, die darauf achteten, dass der Text bis in die Feinheiten in seiner ursprünglichen mekkanischen Mundart wiederhergestellt war. An eine etwaige Verfälschung des Textes, so islamische Gelehrte, kann jedoch dabei nicht gedacht werden. Der zeitliche Ab-

47 Eine gute Darstellung findet sich bei Accad 2005:36-86.

48 Schirrmacher 1994a:113.

stand der Redaktion zu Muhammad war einfach zu gering. Eine Verfälschung hätte sicher einen größeren Aufstand verursacht. Das kann stimmen und doch, so einfach ist es mit solchen „Heiligen Büchern" nicht.

3.3.2. Warum wir den Koran lesen sollten

Ein missionarisches Gespräch mit den Muslimen setzt die Kenntnis ihrer Heiligen Schriften voraus. Der Islamexperte Hans Zirker[49] gibt drei Gründe an, warum wir Christen den Koran lesen sollten.

a. Erstens werden Christen vom Koran unmittelbar angesprochen. Sie gehören zu den Adressaten des Korans. Der Koran ist ein Teil der christlichen Geschichte und das nicht nur im arabischen Raum.
b. Zweitens reflektiert der Koran auch die Wirkungsgeschichte des Christentums auf die polytheistischen Araber des 7. Jahrhunderts. Der Koran ist ein Zeugnis der Wirkungsgeschichte unseres Glaubens und sollte uns deshalb auch als Missionshistoriker interessieren.
c. Drittens ist der Koran das Heilige Buch einer großen und sich rasch in der Welt ausbreitenden Religion, die heute für das Christentum die Hauptherausforderung darstellt.

Als missionsinteressierte Gemeinde kommen wir an diesem umstrittenen Buch nicht vorbei. Und wenn wir Christen den Koran lesen wollen, dann müssen wir uns dessen bewusst sein, dass solche Bücher wie der Koran ganz unterschiedlich gelesen werden können. Wir sollten wissen, wie die Muslime ihr Heiliges Buch lesen und wie Christen es in der Vergangenheit getan haben. Uns interessiert dabei eine möglichst günstige Ausgangsbasis für die Mission. Wie finden wir sie? Sehen wir uns zunächst die Perspektiven der jeweiligen Seite an.

---

49 Zirker 1999:1-2.

a. **Die islamische Rezeption.** Die muslimische Rezeption ist bereits im Koran selbst festgelegt. Es ist ein Heiliges Buch und verlangt nicht Nachdenken und Interpretation, sondern Gehorsam.

Nach dem Text des Korans ist es ein Buch ohne Fehler. In der Sure 2,2-5 heißt es: „Dies ist die Schrift – an ihr ist kein Zweifel – eine Führung für die Gottesfürchtigen, die an das Verborgene glauben, das Gebet verrichten und von dem spenden, was wir ihnen gewährt haben, die an das glauben, was zu dir und vor dir herabgesandt wurde, und vom Jenseits überzeugt sind. Die sind von ihrem Herzen geführt und denen ergeht es gut." Ein Heiliges Buch, das *„nur die Gereinigten berühren*" dürfen (Sure 56,79). Der Text verlangt „Horcht und gehorcht!" (Sure 64,16). Es ist als eine klare und deutliche Warnung auf Muhammad herabgesandt worden als Gottes Wort, das keinen Widerspruch duldet. Als solches ist der Koran nicht menschlichen Ursprungs, sondern ist Wort für Wort die wahre Offenbarung Allahs (Sure 36,69-70). Er ist nicht erschaffen, sondern existiert ewig im (siebten) Himmel. Er wurde dann in den dritten Himmel hinuntergebracht und von dort nahm der Engel Gabriel Stück um Stück, mal von hier, mal von dort, um es Muhammad zu offenbaren (vgl. Sure 43,2-3). Der Koran ist auf einer ewigen Tafel niedergeschrieben (Sure 85,22-23). Er weist den Menschen den Weg zu Allah. Er ist leicht verständlich und für jedermann zu begreifen (Sure 54,17) und dabei unnachahmlich göttlich (Sure 10,37-38; 11,13).

Wir fassen zusammen. Nach islamischem Verständnis soll für den Koran Folgendes gelten:

- Er ist sprachlich vollkommen.
- Seine Prophezeiungen sollen zuverlässig sein und seine Berichte über vergangene Ereignisse können nur auf göttlicher Offenbarung beruhen.
- Er ist inhaltlich völlig geschlossen und enthält keine Widersprüche (Sure 4,82).
- Er ist wissenschaftlich zuverlässig.

- Er ist ein Wunderwerk, weil nach islamischem Verständnis Muhammad Analphabet war (Sure 29,48).

Aus dieser Perspektive liest der Muslim sein Heiliges Buch. Bei seiner Lektüre ist kein Raum für kritische Betrachtung, kein Raum für Fragen und Zweifel. Das Buch selbst verlangt von seinem Leser absoluten Gehorsam.

b. **Die christliche Rezeption.** Auch Christen lasen und lesen den Koran. Doch im Unterschied zu den Muslimen lesen sie den Koran kritisch. Und ihre jeweiligen Motive bestimmen die Perspektive.

Am weitesten verbreitet ist die Lektüre des Korans aus apologetischer Perspektive. Es geht um die Abwehr von Synkretismus und Irrlehre. Dabei liest und deutet der Christ den Text aus der Position der „Wissenden" im ständigen Vergleich des Textes mit der Bibel. Hier wird der Koran als Quelle dämonischer Verdrehung gelesen und jeder Gebrauch des Korans im interreligiösen Dialog stößt auf strickte Ablehnung.

In eher wissenschaftlichen Kreisen ist der Koran zum Gegenstand religionsgeschichtlichen Interesses geworden. Hier bemühen sich Christen, das Phänomen Koran im Rahmen der Entwicklung der islamischen Religion zu begreifen, ohne gleich zu werten oder gar abzuwerten. Ein klassisches Beispiel dafür ist der katholische Theologe Hans Küng, der mit seinem Projekt „Weltethos" nach einer gemeinsamen Ethik in den abrahamitischen Religionen, dem Judentum, Christentum und Islam sucht.[50] In diesen Kreisen wird der Koran und auch die sich auf ihn berufende Religion eher verharmlosend dargestellt.

In diesem Buch lesen wir den Koran aus missionarischem Interesse. Wir fragen danach, an welchen Stellen uns der Koran Brücken zum Gespräch über unseren Glauben und das Evangelium bietet. Dabei geht es immer um die Frage, wo wir im Koran jene

50 Siehe Küng 2006. Mehr über das Projekt in: http://www.weltethos.org (10.10.2014).

theonome Dimension[51] finden, die es uns Christen erlaubt, unbeschwert über unseren Glauben zu sprechen.

3.3.3. Entstehung des Korans

Der Koran ist in der ersten Hälfte des 7. Jahrhunderts im arabischen Raum entstanden. Seine Entstehung geht auf Muhammad zurück, der der Tradition nach in den Jahren zwischen 610 und 632 besondere Offenbarungen Gottes empfangen haben soll.[52] Selbst Analphabet, ließ Muhammad seine Offenbarungen aufschreiben. Ob es allerdings eine von Muhammad in Auftrag gegebene Abschrift des Korans je gegeben hat, ist in der Wissenschaft umstritten. Die Tradition schreibt diese Ehre dem Adoptivsohn des Propheten, Zaid, zu. Ihm soll Muhammad seine Offenbarungen diktiert haben. Jedenfalls ließ der dritte Kalif Uthman (649/650) eine offizielle Zusammenstellung des Textes anfertigen, weil im Volk recht viele unterschiedliche Versionen des Korans kursierten, was immer wieder für Verwirrung sorgte. Doch damit war das Problem nicht behoben. Im 10. Jahrhundert versuchte Abu Bakr bin Kujahid (gest. 936), den Text zu vereinheitlichen. Nach Abu Bakr sind insgesamt sieben Lesarten des Korans als kanonisch anerkannt.[53]

3.3.4. Muhammad und der Koran

Die Entstehung des Korans ist unmittelbar mit der Lebensgeschichte des Propheten Muhammad verbunden und ist in der islamischen Geschichtsschreibung recht detailliert beschrieben worden. Allerdings widersprechen sich die Quellen so oft und so gravierend, dass eine genaue Rekonstruktion recht schwierig ist.[54] Muhammad erhält seine ersten Gottes-Offenbarungen auf dem Berg/Höhle Hira in der Nähe von Mekka. Nach islamischer Über-

51 Siehe dazu Reimer 2015.
52 Seidensticker 2000:112.
53 Riddell 2006:371.
54 Seidensticker 2000:114.

zeugung sind es die ersten Verse der Sure 74 oder auch 96 gewesen, die ihn dazu aufrufen, aufzustehen und das Volk zu warnen. Von Anfang an geht es ihm um die Botschaft von dem einen Gott, den er Allah nennt, nach dem Namen einer arabischen Obergottheit. Es gelingt Muhammad, eine kleine Schar von Anhängern um sich zu sammeln. Die Mehrheit der Bevölkerung Mekkas lehnt aber den neuen Glauben ab. Als die Situation für die Anhänger Muhammads unerträglich wird, siedelt er mit 70 seiner Anhänger im Jahre 622 nach Medina um. Hier übernehmen sie schließlich die politische Macht und greifen 632 Mekka an. Bald ist die gesamte arabische Halbinsel unter ihrer Kontrolle. Wer nicht folgen will, wird als Halbherziger beschimpft und bekämpft. Wir haben diese Entwicklung im Kapitel 2 dargestellt.

Diese politische Entwicklung spiegelt sich auch im Koran wider. Die Berliner Islamforscherin Angelika Neuwirth hat durch Formanalyse im Koran wenigstens drei Schichten nachgewiesen: die „frühmekkanische", „mittelmekkanische" und „medinische" Schicht. Dabei weisen die ersten Schichten, die das Gros des koranischen Textes ausmachen, eine recht positive Haltung zu biblischen Texten auf. Dagegen ist der „medinische" Teil von einer starken Aggression gegen die Juden und Christen gezeichnet.[55] Es macht Sinn, sich diese Entwicklung des koranischen Textes anzusehen, weil sie eine differenzierte Haltung zum Text und den darin gespiegelten Intentionen ermöglichen. Während ein Teil der Texte durchaus „christliche Positionen" vertreten, sind andere nicht anders als anti-christlich zu bezeichnen. Und während die ersten Texte den Dialog mit den Muslimen erleichtern, erschweren die zweiten diesen erheblich.

3.3.5. Text des Korans

Der heute zugängliche Text des Korans ist in Arabisch geschrieben, enthält 114 Suren und bildet als die Kairiner Ausgabe von 1924 die von den meisten islamischen Traditionen angenommene

55 Neuwirth 2010.

kanonische Standardvariante.[56] Die Suren sind weder chronologisch noch thematisch, sondern eher ihrer Länge nach geordnet, erst kommen die langen, dann die kürzeren Suren. Jede Sure beginnt mit: „Im Namen Allahs, des Gnädigen, des Barmherzigen" (Ausnahme Sure 9).

Wann der Koran niedergeschrieben wurde, ist unbekannt. Jedenfalls existieren bis heute recht unterschiedliche Varianten des Textes. Der Text muss aber über einen längeren Zeitraum entstanden sein, dafür stehen die vielen Wiederholungen, inneren Widersprüche etc. Und vermutlich sind die ältesten, ursprünglichen Varianten nicht in Arabisch, sondern in Aramäisch verfasst worden. Diese, allerdings nicht unumstrittene These, vertrat zuletzt Christoph Luxenberg.[57] Wesentliche Teile des Korans scheinen christlichen Kommentaren entnommen zu sein.[58]

Der Text ist in 30 Abschnitte aufgeteilt. Sie dienen den Lesungen während des Fastenmonats Ramadan. Überliefert ist der Koran in Reimprosa. Nach islamischem Verständnis ist die Sprache des Heiligen Buches das schönste Arabisch und von unübertrefflicher Harmonie und Vollkommenheit. Im Koran spricht Allah selbst in der Wir- oder Ich-Form zu den Menschen.

Die Suren sind recht unterschiedlich geordnet. Ein System ist nicht zu erkennen. Manche Suren lassen sich in Themenblöcke einteilen. Eine klare Überleitung von einem Thema ins andere ist allerdings kaum zu beobachten. Dafür ist jede Sure sowohl mit einer Nummer als auch einem Hauptthema versehen, das in der Sure unter anderem behandelt wird. Zum Beispiel: die Frauen (4), die Höhle (18), der Mond (54). Diese Themen werden aber in der jeweiligen Sure nicht konsequent behandelt. Man hat eher den Eindruck, dass hier Verse gesammelt und eher zufällig in einer Sure zusammengefasst wurden.[59]

Die kanonische Version des Korans ist in Verse eingeteilt. Die

56 Seidensticker 2000:118.

57 Siehe die Rückübersetzung des Qur'ans in das Syro-aramäische (Luxenberg 2000). Zu der Debatte: Burgmer 2004.

58 Zu den Gemeinsamkeiten zwischen dem Qur'an und der Bibel, siehe: Tröger 2004.

59 Riddel 2006:369-370.

Einteilung selbst ist jedoch nicht kanonisch und ist erst später eingeführt worden. Insgesamt besteht der Text des Korans aus 6200 Versen.

Im Heiligen Buch der Muslime werden eine Reihe von Themen angesprochen und entsprechend diskutiert:

- Offenbarungen über Allah und seine Schöpfung
- Erzählungen von Muhammad als seinem Gesandten; von seinem Handeln mit den Völkern
- Verteidigung von Muhammads Prophetentum
- Segenszusagen an die, die Muhammad gehorchen; Verdammungsurteil über die, die ihm widerstehen (z. B. Sure 4,14)
- Warnung vor dem Jüngsten Gericht
- Eingang ins Paradies
- Warnungen an Juden und Christen
- Diverse Gebote
- Die Glaubensartikel
- Die religiösen Pflichten
- Die ethischen Vorschriften
- Die Vorschriften für die zwischenmenschlichen Beziehungen.

Der Koran bezieht sich an vielen Stellen auf die Bibel:

- Er erwähnt Abraham, Mose, König David und andere biblische Personen.
- Sowohl die biblischen Personen als auch die historischen Begebenheiten, auf die angespielt wird, werden als bekannt vorausgesetzt.
- Jesus gilt als bedeutender Prophet, seine Gottessohnschaft und sein Sterben am Kreuz werden jedoch entschieden abgelehnt.

Der Koran versteht sich als Fortsetzung dessen, was Allah bereits den anderen vorlaufenden Propheten geoffenbart hat (Sure 41,43).

3.3.6. Übersetzungen und Kommentare

Die Vielschichtigkeit und zum Teil auch Widersprüchlichkeit der Korantexte hat schon sehr früh zu einer intensiven Kommentierung des Korans seitens islamischer Gelehrter geführt. Das älteste Kommentarwerk wird schon dem Cousin des Propheten Muhammad Abdullah Abbas zugeschrieben (gest. 688), was jedoch historisch bezweifelt werden kann.[60] Heute existieren umfangreiche Kommentarwerke zum Koran und zu älteren Schriften zum Koran.

Der Koran ist in Arabisch verfasst und ist als solcher für den gläubigen Muslim unübersetzbar. Drei von vier sunnitischen Schulen schreiben vor, dass der Koran nur in Arabisch zu rezitieren sei. Nur die hanifitische Schule (Gründer Abu Hanifa) erlaubte den Gläubigen, die nicht Arabisch sprachen, den Koran auch in Persisch zu rezitieren. Später übertrug man diese Rechte auch auf andere Sprachen. In einigen Ländern wie der Türkei oder Ägypten ist der Gebrauch des Korans in der Übersetzung üblich. Trotzdem gilt die Regel: Übersetzungen sind nicht der Text des Korans, sondern werden eher in den Rang eines Kommentars erhoben.

3.3.7. Unterschiedliche Lesarten und kritische Anfragen

Der Koran beansprucht für sich, eine fehlerlose Offenbarung Gottes zu sein. Wie stark der Text aber seinem eigenen Anspruch hinterherhinkt, zeigen folgende Tatsachen:

(1) Einzelne Koranaussagen wurden nach ihrer Offenbarung wieder geändert. Die erste Offenbarung war offensichtlich nur zeitlich begrenzt gültig. Die dadurch entstandenen Widersprüche werden als „überarbeitetes Wort Allahs" verstanden. Einige dieser veränderten Aussagen sind im heutigen Korantext in der alten und der neuen Fassung noch erhalten. Einige Beispiele für veränderte Anweisungen seien genannt:

---

60 Seidensticker 2000:125.

- Die Quibla (Gebetsausrichtung) wurde erst nach Jerusalem, später nach Mekka vorgeschrieben (Sure 2,142-150).
- Die Teilung des Erbes, das von Eltern oder Verwandten zurückgelassen wird, soll gemäß Sure 4,8 gleichmäßig erfolgen, was aber durch Vers 12 abgeändert wurde, wo befohlen wird, dass Männer gegenüber Frauen den doppelten Anteil erhalten sollen.
- Das Nachtgebet sollte ursprünglich mindestens die halbe Nacht beanspruchen, eigentlich sogar den „größten Teil der Nacht" (Sure 73,1-4). Während des Gebets ist der Koran zu rezitieren. Allah selbst sah in dieser Anweisung eine schwere Last. Doch dieses Gebot wurde durch Vers 21 sogleich relativiert: „Daher rezitiert aus dem Koran, wie es euch leicht und möglich ist." Das heißt jeder kann nach eigenem Ermessen die Gebetszeit bestimmen.
- Bei Frauen, die etwas Abscheuliches begehen (z. B. Ehebruch), war ein lebenslänglicher Hausarrest vorgesehen (Sure 4,16), wenn vier Männer den Fehltritt bezeugen können. Nur Allah konnte diesen Hausarrest wieder aufheben. Diese Strafe wurde aber später in eine Strafe von 100 Peitschenhieben abgeändert (Sure 24,2).
- Muhammad musste selbst immer so lange bis zum Vortragen der „Offenbarung" warten, bis er gewiss sein konnte, die endgültige Offenbarung erhalten zu haben.

Der Koran selbst nennt drei Gründe für die spätere Abänderung des ursprünglich geoffenbarten Textes.

a. Muhammad vergaß etwas (nach Allahs Wille) (Sure 87,6-7).
b. Der Satan schob Muhammad eine falsche Offenbarung unter (Sure 22,52).
c. Allah selbst tauschte Passagen gegen bessere Offenbarungen aus (Sure 16,101.106).

Sure 2,106 spricht ganz offen die Tatsache eines nach der ersten Offenbarung veränderten Korantextes an: „Wenn wir einen Vers austilgen oder in Vergessenheit geraten lassen, bringen wir dafür einen besseren oder einen, der ihm gleich ist. Weißt du denn nicht, dass Allah zu allem die Macht hat?“

Zur rechten Deutung der Suren ist deshalb ihre Datierung von Bedeutung, da im Fall eines Widerspruches der Grundsatz gilt, dass der jüngere Text den älteren aufhebt. (Manchmal geschieht das aber sogar innerhalb ein und derselben Sure).

(2) Das Problem der unterschiedlichen Lesarten. Unterschiedliche Lesarten waren schon während der Zeit Muhammads durchaus üblich. Unterschiedliche Lesarten nehmen für sich in Anspruch, vom Propheten selbst zu stammen, obgleich sie von seinen Gefährten weitergegeben wurden.

Tafsir Tabari führt folgende Beispiele an:[61]

„Ein Mensch zitierte in der Gegenwart von Umär, der ihn korrigierte. Der Mann, erzürnt, behauptete, er habe schon für den Propheten zitiert und der habe ihn nicht verbessert. Sie brachten ihren Streit vor Muhammad. Als der Prophet die Behauptung des Mannes bestätigte, dass Muhammad ihn selber gelehrt habe, kamen Zweifel in Umärs Sinn. Als der Prophet Umärs Ausdruck wahrnahm, schlug er ihm auf die Brust und rief aus: ‚Raus, Teufel!‘ Muhammad erklärte dann: ‚Alle Arten des Zitierens sind richtig, solange man nicht eine Darlegung über Barmherzigkeit in eine über Zorn verdreht und umgekehrt!‘“

„Abdulläh berichtet: Wir waren unterschiedlicher Meinung über eine Sure, ob sie aus 35 oder 36 Versen bestand. Deshalb gingen wir zum Propheten, der gerade im Gespräch mit Ali war. Als wir ihm sagten, dass wir uns über den Text nicht einig waren, wurde sein Gesicht rot und er erwiderte: ‚Die vor euch waren, gingen an ihren Meinungsunterschieden zugrunde.‘ Er flüsterte Ali etwas zu, der dann sagte: ‚Der Prophet befiehlt euch, so zu zitieren, wie ihr gelehrt worden seid.‘“

61 Aus Tafsir von Tabari, Mishkat.

„Ein Mann beschwerte sich beim Propheten: ‚Abdullah lehrte mich, eine bestimmte Sure im Koran zu zitieren. Zaid lehrte mich dieselbe Sure und ebenso Ubayy. Alle drei sind unterschiedlich. Wessen Lesart soll ich nun annehmen?‘ Der Prophet schwieg dazu. Ali, der neben ihm stand, erwiderte: ‚Jeder Mensch sollte so rezitieren, wie er es gelernt hat. Jede Lesart ist annehmbar und gültig.‘“

Umar sagte: „Ich hörte Hisäm b. Hukaim die Sure al Furqan zitieren und hörte ihm zu. Als ich merkte, dass er viele Textstellen anders, als sie mir vom Propheten gelehrt worden waren, las, stürzte ich mich fast auf ihn, als er betete, doch ich wartete dann geduldig, bis er fertig war. Dann packte ich ihn am Kragen und fragte: ‚Wer hat dich gelehrt, diese Sure zu zitieren?‘ Er behauptete, dass der Prophet ihn gelehrt habe. Ich sagte: ‚Bei Gott, du lügst!‘ Ich zerrte ihn zum Propheten und erzählte ihm, dass ich mitangehört habe, wie Hisäm viele Textstellen anders zitiert habe, als er mich gelehrt habe. Der Prophet sagte: ‚Lass ihn los! Zitiere, Hisäm!‘ Er zitierte die Textstellen, die ich schon von ihm gehört hatte. Der Prophet sagte: ‚Das ist so, wie es offenbart wurde!‘ Er sagte dann: ‚Zitiere du, Umar!‘, und ich zitierte so, wie er mich gelehrt hatte. Er sagte: ‚Das ist richtig. So wurde es offenbart. Dieser Koran wurde in sieben Formen offenbart, deshalb zitiere so, wie es am einfachsten ist!‘“

Folglich:

- Der Wortlaut des Korans ist nicht entscheidend.
- Die Bedeutung eines Textes ist ausschlaggebend.
- Alle Lesarten sind offenbar richtig.
- Alle Lesarten stammen aus den Tagen Muhammads.
- Bereits Muhammad wusste um die unterschiedlichen Lesarten und billigte sie.

Kritische Leser des Korans werden berechtigterweise Anfragen an das islamische Koranverständnis richten. Und wir Christen sollten den Koran kritisch lesen. Wenn der Koran eine seit Ewigkeit bestehende, göttliche Offenbarung ist, dann müssen Moslems die offensichtlich menschlichen Spuren in ihm erklären. Große Teile des Korans sind ausgefüllt mit den persönlichen und politischen Angelegenheiten eines Mannes und einer Nation zu einem bestimmten Zeitpunkt der Geschichte. Die offensichtlichen Widersprüche, die unterschiedlichen Lesarten und vieles mehr machen solche Fragen dringend.

Muslime lehnen kritische Fragen an den Koran allerdings ab. Diese Schrift ist für sie das „Wort Gottes". Viele, sehr viele kennen ihn als unanfechtbar. Erst wenn sie sich selbst dem Text des Korans stellen, kommen auch ihnen Fragen, die einen fruchtbaren Dialog über die Wahrheit einläuten können.

3.4. Muslime glauben an eine Welt der Geister

Der Text der Offenbarung Allahs, wie sie nun im Koran vorliegt, sei Muhammad durch den Engel Gabriel vermittelt worden. Gabriel, wie die Engel insgesamt, sind nach der Lehre des Islam aus Licht erschaffen worden und stellen Wesen dar, die alle Attribute einer Person besitzen, aber im Unterschied zum Menschen keinerlei irdische Bedürfnisse haben.[62] Sie sind geschlechtslos und ähnlich wie der Mensch sterblich. Als dienende Geister sind sie dem Menschen untergeordnet. Nach dem Schöpfungsbericht des Korans müssen sie auf den Befehl Allahs vor Adam niederfallen (Sure 2,32).

Die Aufgaben der Engel sind die Anbetung Allahs (Sure 21,19.20), Fürbitte für die Menschen, und zwar dort, wo sie Allah hierfür einsetzt (Sure 42,3), den islamischen Kriegern Beistand zu leisten und Allahs Botendienste zu den Menschen wahrzunehmen, wie dies „Gabriel" in Bezug auf Muhammad getan hat (Sure 2,91 u.a.).

Nach der Lehre des Korans hat jeder Mensch zwei persönliche Schutzengel (Sure 13,12; 6,61; 82,10). Diese Engel sind dafür zuständig, dass das ganze Leben des Menschen in die Bücher aufge-

62 Zu der Engel- und Geisterlehre des Korans, siehe: Kellerhals 1993:76-78; Schirrmacher 1994a:2006ff.

schrieben wird (Sure 43,80; 50,16), die am Jüngsten Tag aufgetan werden und die Grundlage für das Gericht Allahs bilden (Sure 81,10).

Der Koran kennt auch die Wirklichkeit der Dämonen. Jedoch werden die Dämonen nicht als gefallene Engel, sondern als von Allah etwa tausend Jahre vor Adam geschaffene koboldartige Wesen, genannt *Djinnen* (Sure 15,26; 55,14) verstanden. Sie sind sterblich, bedürfen der Nahrung und pflanzen sich auch fort.

Dagegen ist der Teufel, *Iblis* genannt, ein gefallenes Wesen. Er ist aus Feuer gemacht und durch seinen Fall zum Widersacher Allahs geworden. Sein Fall bestand darin, dass er sich weigerte, vor Adam niederzufallen, weil er in Adam eine niederere Schöpfung als sich selbst erblickte (Sure 2,31).

3.5. Muslime glauben an Propheten als Offenbarungsmittler

Die Offenbarung Allahs wird den Menschen durch Mittler zuteil. Dabei geht es dem Islam nicht nur um Muhammad, den Propheten. Man unterscheidet zwei Typen von Offenbarungsvermittlern. Zum einen den *nabi*, den Propheten, der zwar Eingebungen und Offenbarungen von Allah erhält, jedoch nicht gleichzeitig den Auftrag, diese dann auch den Menschen zu vermitteln.[63] Und zum anderen den *rasul*, dem dieser apostolische Dienst vorbehalten ist.

Nach der Lehre des Korans sendet Allah einem jeden Volk seinen *rasul*. So hatte sich auch Muhammad ursprünglich als Apostel für die Araber verstanden und erst später seine Sendung auf die ganze Welt ausgedehnt, die sogar die Welt der *Djinnen* einschließt. Er heißt daher auch „Siegel der Propheten“ (Sure 33,40).

Sechs „Propheten“ werden im Islam besonders geehrt:

- Adam – der Auserwählte Allahs
- Noah – der Prediger Allahs
- Abraham – der Freund Allahs
- Moses – der mit Allah Redende

63 Siehe auch die Ausführungen von Kellerhals 1993:83ff.

- Jesus – das Wort und der Geist Allahs
- Muhammad – der Apostel Allahs

Alle diese „Propheten“ gelten als sündlos, auch wenn der Koran immer wieder die Sünden dieser Männer auflistet. So z. B. die Sünden Adams (Sure 2,29-37; 7,10-24), Noahs (11,49), Abrahams (26,80-82) und Muhammads (Sure 40,57; 47,21; 94,1 u. a.). Es fällt dabei auf, dass der Koran nirgends von der Sünde Jesu spricht, auch da nicht, wo die Sünden der Christen aufs Schärfste angegriffen werden! Auch die islamische, theologische Tradition bestätigt die Sündlosigkeit Jesu. So verwundert es auch nicht, dass der Koran Jesus sehr und auf besondere Weise Aufmerksamkeit spendet.

> Der Koran kennt und ehrt wichtige biblische Gestalten. Es ist nicht schwer mit einem Muslimen ins Gespräch über ihre Geschichte und Bedeutung zu kommen.
>
> Muhammad wird deutlich als ein Mensch, der gesündigt hat, identifiziert.

3.6. Jesus im Koran

Schon einem oberflächlichen Leser des Korans fällt auf, wie positiv und zuweilen biblisch die Aussagen dieses Heiligen Buches der Muslime über Jesus sind.[64] Obwohl sich die Kenner des Islam immer noch streiten, wie diese Tatsachen zu interpretieren sind, können doch einige wichtige Schlüsse gezogen werden.

a. Jesus wird im Koran als Abdullah, der Knecht Gottes, geehrt (Sure 19,31; 43,59; 4,170). Als *Ibn Mariam* (der Sohn Marias – 3,40; 4,169 u. a.) ist er das krönende Beispiel der Hingabe des Menschen an Allah. Gerade deshalb ist er prädestiniert,

64 Zur islamischen Lehre von Jesus, siehe Kellerhals 1993:84ff; Schirrmacher 1994b:206-261.

der Gesandte, der Rasul Allahs (Sure 4,156.169; 5,79), und sein Prophet, Nabi (Sure 19,31), zu sein.

b. Jesus wird im Koran als *Kalimet* (Ullah) oder das Wort Allahs geehrt (Sure 3,40; 4,169), welches als das Wort der Wahrheit verstanden wird (Sure 19,35).

c. Jesus wird im Koran als *Rah Allah* (der Geist Gottes – Sure 4, 169) geehrt, so z. B. in Sure 4,171, wo Jesus als der *Ruhun Minhu*, ein Geist von ihm, bezeichnet wird.

d. Jesus wird im Koran als Messias, *Masih* (Sure 3,40; 4,169), geehrt und als solcher ist er einer der Allah Nahegestellten (Sure 3,40) und hoch angesehen in dieser und in jener Welt (Sure 3,40). Er ist wahrlich der *Mubarak*, der Gesegnete Allahs (Sure 19,32).

Eine solche Fülle biblischer und neutestamentlicher Anspielungen verblüfft und spricht sicher dafür, dass Jesus einen hohen Platz in der islamischen Theologie einnimmt, auch wenn diese Aussagen im Laufe der Geschichte immer wieder zu massiven Klärungsproblemen in der islamischen Geschichte geführt haben. Eine so hohe Bereitschaft, Jesus als einen Rasul Allahs anzuerkennen und seine Jünger als wahre Muslime (Sure 5,111; 3,45f), führte automatisch zu der Frage, wo denn die Unterschiede zwischen den Christen und Muslimen liegen. Die Antwort auf diese Frage ist schnell gefunden, wenn man sich die verfälschten Aussagen des Korans über Jesus näher ansieht.

So zielt für den Muslim der irdische Dienst Jesu nicht auf das Kommen des Heiligen Geistes, wie es das Neue Testament lehrt (Joh. 14,16), sondern auf das Kommen des Propheten Muhammad (Sure 61,6). Diese Behauptung gründet sich auf der Annahme, dass die Christen den Text der Offenbarung verändert haben und somit auch die Verheißung eines Trösters nach Joh. 14,16, die ursprünglich nicht vom *parakletos* (Tröster), sondern vom *periklytos* (dem Berühmten) gesprochen haben soll, was dem arabischen Wort Ahmad oder Muhammad entsprochen hätte.

Mit dem Bezug der Verheißung auf Muhammad können alle Aussagen des Neuen Testaments zur Heilsbedeutung Jesu, so sein

Kreuzestod (Sure 3,47-50; 4,155), nicht mehr ernst genommen werden und werden daher auch als christliche Verfälschung gerügt. Ganz zu schweigen von dem Anspruch des Neuen Testaments, dass Jesus der Sohn Gottes ist. Mit großem Nachdruck erklärt der Koran: „Siehe, er ist nichts als ein Diener, dem wir gnädig gewesen waren“ (Sure 43,59). Und: „Nicht ist der Messias, der Sohn der Maria, etwas anderes als ein Gesandter“ (Sure 5,79).

Diese schroffe Ablehnung christlicher Erlösungslehre auf der einen Seite und die nahezu göttlichen Züge Jesu auf der anderen Seite haben auch im Islam immer wieder theologische Spekulationen über seine zukünftige Rolle genährt. In vielen islamischen Kreisen wird Jesus daher ein zweites Mal vom Himmel erwartet (so zum Beispiel im Schiitentum), wobei er allerdings für die Sache der Muslime eintreten und in Jerusalem sein Reich aufrichten, dann aber heiraten, Kinder bekommen und am Ende neben Muhammad in Medina begraben werden soll.

3.7. Muhammad – das „Siegel der Propheten“

Muhammad ist nach der Lehre des Islam der letzte der Propheten, die im Sinne eines Rasul auf der Erde gewirkt haben. Um seine Sendung und sein heute verbreitetes Bild zu verstehen, ist es wichtig, zwischen dem koranischen Bild des Muhammad und dem historisch gewordenen Bild des Muhammad im Islam zu unterscheiden.[65]

Im Koran tritt Muhammad uns als ein von seiner Sündhaftigkeit und Unzulänglichkeit vor Allah gezeichneter Mann entgegen (Sure 40,57; 47,21), den Allah zwar als seinen Rasul erwählt, der jedoch keinerlei göttliche Züge aufweist. Erst in der späteren Tradition ranken sich um das Bild des Muhammad allerlei Wundergeschichten, die sich sehr oft parallel zu den Jesusgeschichten aus dem NT gestalten.

Der Islam scheint somit sein eigenes Christusbild zu entwerfen. Immer mehr wird Muhammad zum eigentlichen Mittler und Heiland der Muslime. Man hat hier gar von der Ironie der Religi-

65 Einen guten Überblick bietet Kellerhals 1993:87ff.

onsgeschichte gesprochen, denn Muhammad, der unentwegt den reinen, ja radikalen Monotheismus verfochten hat, ist hier zum Opfer der „Vergottungssucht" seiner Gläubigen geworden.

> Man beachte den Unterschied zwischen dem Bild Muhammads im Koran und im Glauben der Muslime. Die Unterschiede sind gravierend. Das hohe Bild Muhammads im populären Islam weckt Erwartungen, die nicht erfüllt werden können, und der Bruch dieses Bildes mit koranischen Aussagen Zweifel an der Echtheit der Religion. Es empfiehlt sich daher im Gespräch mit Muslimen den Koran zur Grundlage des Gesprächs zu wählen.

3.8. Muslime glauben an ein göttlich vorgegebenes Schicksal

Nicht nur offenbart Allah den Menschen seinen Willen durch die Propheten, nein, ihr ganzes Leben ist laut dem Koran von ihm festgelegt und vorherbestimmt. In Sure 9,51 heißt es: „Nimmer trifft uns ein anderes, als was Allah uns vorzeichnet." Allah ist es, der des Menschen Schicksal, ob positiv oder negativ, festlegt (Sure 14,4; 54,49; 3,139 u. a.). In der islamischen Tradition klingt das dann so: „Allah hat fünf Dinge für seine Diener vorherbestimmt: ihre Lebensdauer, ihre Handlungen, ihre Wohnsitze, ihre Reisen und ihren Anteil (am Heil)."

Seinen Glauben an die göttliche Vorherbestimmung drückt der Muslim mit der Formel *inschallah* aus, wenn Allah will, die ihn auf Schritt und Tritt im Leben begleitet. Die Folge ist ein tief verwurzelter Fatalismus der Muslime, der sie zum einen zu unvorstellbarer Hingabe anspornt, aber zum anderen auch zum nahezu totalen Stillstand in Sachen Fortschritt verdammt.[66]

66 Zum Fatalismus der islamischen Glaubensvorstellungen siehe Schirrmacher 1994a:229-238.

3.9. Muslime glauben an die Endzeit

In der Glaubensvorstellung der Muslime nimmt die Lehre von der Endzeit, vom Tod und der Auferstehung, vom Gericht und dem Leben danach im Paradies oder in der Hölle einen wichtigen Platz ein.[67]

Nach der Lehre des Korans befindet sich die Seele des Verstorbenen bis zur allgemeinen Auferstehung in einer Art Schlafzustand (Sure 6,60; 10,46; u. a.), ganz in der Nähe Allahs (Sure 39,43). Aus diesem Zustand wird sie durch einen mächtigen Posaunenstoß (Sure 78,18-20) und die darauf folgenden kosmischen Zeichen aufgeweckt – Erdbeben (Sure 73,14), Berge wanken (Sure 27,90), die Sonne wird zusammengefaltet (Sure 81,1), Sterne stürzen hernieder (Sure 81,2) und der Mond spaltet sich (Sure 54,1). Damit wird die Zeit des Endes eingeläutet.

Die auffälligste Gestalt dieser Zeit ist der Verführer, *al-dadjal* genannt, eine Art einäugiger Antichrist, der mit den Buchstaben KFR (kafir = ungläubig) auf der Stirn gezeichnet ist. Vierzig Tage lang wird er herrschen und durch seine Wundertaten Menschen verführen. Schließlich wird ihn Jesus töten.

Die Endzeit mündet in das Gericht Allahs, durch das alle Menschen und auch die Propheten, Jesus eingeschlossen, zu gehen haben. Nur einer kommt nicht ins Gericht – Muhammad, der sich bereits im Paradies befindet. Bücher werden herbeigebracht, in denen die Taten der Menschen aufgeschrieben wurden. Die beschriebenen Blätter werden gewogen, wobei die mit guten Werken gefüllten Blätter mehr wiegen als die mit schlechten. Daraufhin müssen die Menschen die Brücke Shirat überschreiten, eine messerscharfe und wie ein Haar dünne Fläche, auf der die Ungläubigen ausgleiten und in die Tiefe stürzen. Die Gläubigen dagegen überschreiten sie wie ein Blitz und landen im Paradies. Ob jemand als gläubig oder ungläubig eingestuft wird, hängt davon ab, ob man Muhammad als den Propheten anerkannt hat oder nicht. Denn er ist nun der einzige Prophet, der für die Seinen Fürsprache tut, während alle anderen Propheten gegen die Menschen reden, denen sie die Offenbarung Gottes gebracht haben. So spricht Jesus

67 Siehe ausführlich bei Schirrmacher 1994a:188-205.

gegen die Christen und die Juden (Sure 4,157). Als Ergebnis werden alle Muslime gerettet, während alle anderen verloren gehen.

Die Beschreibungen des Lebens der Menschen im Paradies und in der Hölle beschränken sich allesamt auf körperlichen Genuss bzw. Schmerz. Von einer geistigen Gemeinschaft zwischen Gott und Mensch im Paradies ist dagegen keine Rede.

> Man kann mit den Muslimen über die Endzeit ins Gespräch kommen. Viele Themen folgen einem biblischen Schema, auch wenn die Folgerungen zum Teil völlig unerwartet an der Person Muhammads festgemacht werden. Solche Folgerungen lassen sich auf dem Hintergrund der Sündhaftigkeit Muhammads nur schwer plausibel erklären. Warum kommt der sündlose Jesus ins Gericht, während Muhammad dem Gericht entgeht? Solche und ähnliche Fragen können das Gespräch mit Muslimen bedeutsam werden lassen.

Kapitel 4:

Wie leben die Muslime?

4.1. Gesetze, die befolgt werden müssen

Glaubensvorstellungen der Muslime, wie sie oben beschrieben wurden, machen deutlich, warum man den Islam eine Gesetzesreligion nennt. Islam ist, was das Wort schon andeutet, Hingabe und Gehorsam gegenüber der Lehre, die Muhammad offenbart wurde. Und weil diese Lehre auf die Einrichtung eines Gottesstaates aus war, schließt der Gehorsam jeden Bereich des Lebens eines Muslims ein.

Die Umsetzung der Lehre des Korans im praktischen Leben regeln eine Reihe von weiteren Quellen, die die islamische Frömmigkeit geformt haben. Zum einen ist das die *Sunna*, eine Sammlung von Gewohnheiten des Propheten Muhammad, die seine außerkanonischen Sprüche und Handlungsweisen wiedergibt und somit eine Reihe von Detailfragen des praktischen Frömmigkeitsstils regelt. Muslim zu sein wird so zur Imitatio (Nachahmung) Muhammads. In Sure 8,20, wo es heißt „Gehorche Allah und gehorche seinem Gesandten", finden die islamischen Theologen eine Rechtfertigung für ein solches Vorgehen.

Allerdings konnte Muhammad unmöglich all die Fragen und all die Situationen erlebt haben, die sich seinen Nachfolgern in den folgenden Generationen stellten. Die Notwendigkeit eines prophetischen Spruchs für die immer wieder aufkommenden und noch nie dagewesenen Situationen schuf bald eine Fülle von sogenannten Gewohnheiten des Propheten, die sich zur festen Tradition (*hadith*) bildeten und gesammelt wurden. Die Hadith stellen daher auch die zweite, wichtige Quelle für die Lehrentscheidungen im Islam dar.[68]

68 Die bekannteste Sammlung, die auch als kanonisch gilt, stammt von Al Buchari und ist auch in deutscher Übersetzung erschienen. Siehe: *Ṣaḥīḥ al-Buḫārī. Nachrichten von Taten und Aussprüchen des Propheten Muhammad.* Reclam, Stuttgart 1991 (übersetzt von Dieter Ferchl).

Nun stimmen die Hadith nicht immer überein.[69] Aus diesem Grund setzt man bei den wichtigsten Lehrfragen auf die Übereinstimmung unter den wichtigsten Theologen, die man *idschma* nennt und die als dritte Quelle der Wahrheitsfindung im Islam dient. Natürlich kann das nicht bedeuten, dass der Islam eine Lehrautorität, wie sie sich im Christentum in den Konzilien findet, akzeptiert. Stattdessen übertrug man es dem jeweiligen Großmufti eines Landes, aufgrund von Analogievergleichen eine entsprechende Lehrentscheidung zu treffen, die dann für seinen Bereich auch zu gelten hat. Einen solchen Schluss nennt man im Islam *kiyas.*

Damit sind die Quellen beschrieben, aus denen der praktische Islam seine Regeln und Gesetze bezieht. Und diese bestehen aus zwei normativen Systemen, dem *Fikh* und der *Scharia.* Fikh, d. h. „Einsicht", steht für ein ethisches System, eine Sammlung der wichtigsten ethischen Forderungen des Islam. Allerdings kennt der Islam ein einheitliches Fikh nicht.[70] Bis heute existieren vier Schulrichtungen nebeneinander:

- die Hanafiten nach Abu Hanifa (699–767),
- die Malikiten nach ihrem Gründer Malik Ibn Anas (um 715–795),
- die Schāfiʿiten nach Muhammad ibn Idris al-Schafii (767–820),
- die Hanbaliten nach Ibn Hanbal (780–855).

Scharia, d. h. „Weg", stellt nun die Grundlinien der Gesamtpflichten eines Muslims auf dem Weg des Islam dar. Es ist das Gesetz des Islam und gliedert sich in fünf Bereiche:[71]

---

69 Siehe zur Diskussion: Rüdiger Lohlker (Hrsg.): *Hadithstudien – Die Überlieferungen des Propheten im Gespräch. Festschrift für Prof. Dr. Tilman Nagel.* Verlag Dr. Kovac, Hamburg 2009.

70 Siehe Näheres zum islamischen Recht in: Rüdiger Lohlker: *Islamisches Recht.* Wien 2011.

71 Siehe Näheres in: Rüdiger Lohlker 2011; Tilman Nagel: *Das islamische Recht. Eine Einführung.* Westhofen 2001, u. a.

a. Die Glaubensanschauungen, wie sie in den sechs Punkten beschrieben worden sind.
b. Die Tugendlehre mit den zwölf moralischen Vorzügen des Islam.
c. Die Kultordnung mit den fünf „Pfeilern" der Frömmigkeit eines Muslims.
d. Das Zivilrecht, welches das gesellschaftliche Miteinander regelt.
e. Das Strafrecht.

Streng genommen müsste sich das Leben eines frommen Muslims nun genau nach den Vorschriften der Scharia gestalten, denn der Anspruch ist klar – alle Lebensbereiche des Muslims sollen nach göttlicher Vorschrift geordnet sein.

Wie wenig aber die Scharia gerade dieses vermochte, zeigen beispielsweise die vielen mystischen Sekten im Islam, die nach einem anderen, geistlichen Gesetz forschen, dem Gesetz des Herzens, weil die Scharia zwar viele äußerliche Dinge des Lebens zu ordnen vermag, das Innenleben des Menschen jedoch überhaupt nicht berücksichtigt. Zum anderen vermochte dieses Gesetz des Islam auch nicht die gesellschaftlichen Probleme zu lösen. In allen Staaten, die den Islam als Staatsreligion praktizieren, hat sich eine staatliche Gesetzgebung neben der Scharia durchgesetzt. Wo das nicht der Fall ist, wie im heutigen Afghanistan, versinkt das Land im Chaos.

> Nicht der Koran, sondern zusätzliche Quellen, die sich zum Teil gravierend widersprechen, bilden die Grundregeln, auf die sich der gläubige Muslim zu beziehen hat. Das ist den wenigsten Muslimen so klar. Fragt man sie danach, woher sie ihre Überzeugungen haben, verweisen sie gerne auf den Koran. Die anschließende Unfähigkeit, solche Regeln vom Koran her begründen zu können, eröffnet das Gespräch über die Rechtmäßigkeit solcher Forderungen.

4.2. Fünf Regeln des Islam

Die Muslime gestalten ihr Glaubensleben nach den „fünf Regeln ihrer Religion".[72] Muhammad soll einmal gesagt haben: „Der Islam ist auf fünf (Grundlagen) gebaut: dem Glaubensbekenntnis, dem Gebet, dem Almosen, der Wallfahrt und dem Fasten im Monat Ramadan." Entsprechend versucht der fromme Muslim, diese Empfehlung seines „Propheten" im praktischen Leben zu verwirklichen.

4.2.1. Shahada – Das Glaubensbekenntnis

Der Islam ist eine Bekenntnis-Religion. Wer sich ihr anschließt, spricht das Glaubensbekenntnis, jene einfache Formel, die regelmäßig wiederholt wird und das Band der Einheit aller Muslime bildet. Das Glaubensbekenntnis, *shahada* oder *tashahhud*, wird auf Arabisch gesprochen und besteht aus den einfachen und einprägsamen Worten:

> *„ana ashadu la ilaha illa llah, Muhammadu rasul allah" = Ich bezeuge, dass es keinen Gott außer Gott gibt, und Muhammad ist sein Prophet."*

Das bewusste Aussprechen dieser Formel macht den Menschen unwiderruflich zum Muslim. Das Bekenntnis wird oft in liturgischer Rezitation wiederholt und scheint eine ähnliche Funktion zu erfüllen, wie es das jüdische Bekenntnis „Schma Israel" (Höre Israel) in Deuteronomium 6.4ff oder das christliche Apostolische Bekenntnis tut.

4.2.2. Salat – Gebet im Islam

Zum täglichen Glaubensbekenntnis kommt das fünfmal am Tag mit Blick auf Mekka gesprochene Gebet, *salat*. Der Begriff stammt aus dem Aramäischen und bedeutet dort so viel wie „sich

---

72 Eine gute Einführung in die „5 Säulen des Islam" bietet Schirrmacher 1994a:144ff.

unterwerfen, niederbeugen". Dieses Pflichtgebet wird nach genau festgelegten Vorstellungen abgehalten. Es setzt rituelle Reinheit, Kleidung, die jede sinnliche Reizung ausschließt, und einen abgesonderten Ort voraus. Dabei kann sich der zulässige Ort auch auf die Größe nur eines Gebetsteppichs beschränken.

Das Gebet wird mit der Formulierung der Absicht, *niya*, die Andacht zu vollziehen, begonnen. Danach folgt das Bekenntnis *Allahu akbar* (Allah ist groß), womit sich der Muslim in den notwendigen Zustand der kultischen Weihe, *ihram* genannt, versetzt, ohne den die Andacht keine Gültigkeit besitzt. Was nun folgt, ist das eigentliche Gebet, das aus einer Reihe von Teilen besteht, die *raka* genannt werden. Eröffnet wird das Gebet mit der *fatiha*, einer Art Vaterunser des Islam (Sure 1). Jetzt folgen eine Reihe von Koranversen, die deutlich durch die Wiederholung der Bekenntnisformel *Allahu akbar* voneinander getrennt werden. Den Schluss bildet dann wieder die Formel, eine Bitte um den Segen für den Propheten, und der Glückwunsch: „Heil über euch und Allahs Gnade."

Jedes der entsprechenden Gebetsteile wird begleitet von bestimmten Körperhaltungen, die zwischen dem Aufrechtstehen, Knien und der völligen Prostration wechseln. Auch diese Bewegungen sind streng vorgeschrieben.

Das Gebet kann sowohl individuell als auch gemeinschaftlich vollzogen werden. Beim Letzteren achtet man darauf, dass die Frauen die hinteren Reihen der Beter einnehmen. Beim Freitagmittagsgebet findet eine Art gottesdienstliche Feier in der Moschee statt, zu der allerdings nur Männer zugelassen werden. Außer dem Gebet wird hier nun auch eine Predigt, *khutba*, gehalten, die sich um die Ermahnung der Gläubigen zur Gottesfurcht bemüht, oft aber auch aktuelle politische und soziale Themen aufgreift.[73]

73 Einen guten Überblick über das islamische Gebet, Auflistung der einzelnen Gebete und der entsprechenden Gebetszeiten finden sich unter: http://islam.de/27 (1.11.2013).

Beachte – Gebet im Islam wird erkannt an der äußeren Form. Wenn Christen wollen, dass Muslime ihr Gebet als Gebet erkennen, dann sollten auch sie auf eine gewisse Form achten.

4.2.3. Sawim – Fasten im Islam

Zur gelebten Frömmigkeit der Muslime gehört die Einhaltung des Fastenmonats. Das Fasten im Monat Ramadan, *sawm*, ist eine geistliche Pflicht eines jeden Muslims. Begründet wird der Fastenmonat mit der Erinnerung an die Offenbarung des Korans an Muhammad (Sure 2,181), worin sich die Hoffnung gründet, Allah möge sich auch dem fastenden Getreuen offenbaren.

Das Fasten ist streng geregelt, jede geringste Abweichung von der Regel wird als Bruch angesehen und als Sünde gewertet. Nicht zu fasten oder nur teilweise zu fasten, bedarf einer besonderen Genehmigung der jeweiligen geistlichen Autorität. So wurde z. B. das Fasten für islamische Fußballer ausgesetzt. In der Praxis fasten aber viele Muslime nicht oder nur selten.

Das islamische Fasten ist ein Tagesfasten. Man darf keinerlei Speise oder Getränk während des Tages zu sich nehmen. Nachts dagegen darf gespeist werden. Das Ende des Fastens wird durch das größte islamische Fest, *Id al-fitr* (türkisch: Bayram), markiert, an dem sich die Menschen gegenseitig beschenken und miteinander ausgelassen feiern.

Beachte – Frömmigkeit, Hingabe an Gott ist eine bewusste Entscheidung und schließt Verzicht und Askese ein. Am Totalverzicht auf Nahrung liest der Muslim die Bereitschaft seiner Glaubensbrüder ab, Allah wirklich zu dienen. Christen, die erwarten, als gotthingegebenen Menschen erkannt zu werden, müssen nach adäquaten Formen des öffentlichen Bekenntnisses suchen. Fasten ist dabei sicher eine einfache Option.

4.2.3. Zakat – Almosengeben

Der fromme Muslim bekennt sich zu Gott und pflegt seine Beziehung zu Allah im Gebet und Fasten. Aber seine Liebe zu Allah findet ihre Konkretion auch im Zusammenleben mit Gleichgesinnten. Arme Glaubensbrüder, Witwen und Waisen dürfen von der islamischen Gemeinschaft nicht alleingelassen werden. Die Scharia, das Gesetz des Islam, verlangt vom Nachfolger Muhammads das Almosengeben, *Zakat*. Ursprünglich als ein System der sozialen Versorgung gedacht (Sure 2,40.77; 9,58-60), stellt Zakat heute die Aufforderung zur freiwilligen Mildtätigkeit dar. In islamischen Gesellschaften ohne staatliche Fürsorge ist das oft die einzige Überlebensquelle für Menschen in Not.

4.2.4. Hadsch – Pilgerfahrt nach Mekka

Der Koran verpflichtet die Anhänger Muhammads, wenigstens einmal im Leben eine Pilgerfahrt, *hadsch*, nach Mekka zu den arabischen Heiligtümern zu machen. Nach Muhammad ist die Wallfahrt eine Stiftung Abrahams gewesen (Sure 2,119f; 3,89ff). Der Pilger, dem strenge kultische Vorschriften für die Wallfahrt auferlegt werden, erhofft sich von der Teilnahme die Vergebung der Sünden. Heimgekehrt von der Fahrt, darf er nun einen grünen Turban tragen und sich *hadschi* nennen und wird auch sonst besonders geehrt. Man sagt: „Bitte einen Pilger um seine Fürbitte, denn seine Sünde ist vergeben und seine Fürbitte wird ankommen."

4.3. Bekenntnis und Glaubenspraxis

Bekenntnis und Glaubenspraxis gehen in weiten Teilen des Islam stark auseinander. Was Muslime glauben und was sie leben, stimmt selten überein. Und wie überall in der Welt, so versuchen auch die Muslime diesen Unterschied zwischen Anspruch und Wirklichkeit ihrer Religion zu kaschieren. Dabei ist eine Einordnung des Glaubenslebens der Muslime in ein wie auch immer geartetes Schema nicht gerade einfach. Joshua Massey zeigt deutlich, wie schwierig eine solche Einordnung ist.[74] Er schlägt eine Skala von M1 bis M9 vor, die von absoluter Gleichgültigkeit der Muslime zu ihrem Glauben bis zum radikalen Fanatismus reicht. Wo die einen sich rigide an die Einhaltung des islamischen Gesetzes im persönlichen und sozialen Miteinander halten, kümmern sich andere nur wenig um die Vorschriften des Islam. Weit verbreitet ist die Haltung, dass man sich erst im fortgeschrittenen Alter um den Glauben kümmern sollte.

Gerade durch die Globalisierung hat sich das Verhältnis der Muslime zu ihrem Glauben noch einmal weiter diversifiziert. Monshipouri unterscheidet drei Typen von muslimischer Reaktion auf die Globalisierung.[75] Der erste Typ ist konservativ, lehnt jeden Einfluss der Globalisierung ab und behält somit die islamische Glaubenspraxis unverändert bei. Globalisierung wird hier als der Versuch des Westens gewertet, die Welt zu beherrschen. Die Antwort darauf wird in diesen Kreisen zuweilen auch militant ausgetragen – siehe die Terrorakte von Al-Kaida, Bocu Haram oder auch des IS.

Der zweite Typ (die Modernisten) sucht den Islam zu modernisieren und fördert daher eine Erneuerung und Anpassung der Glaubensvorstellungen an die Bedürfnisse des modernen Menschen, um so zu einem globalen Akteur in Sachen gelebter Spiritualität zu avancieren. Ein Beispiel hierfür stellt der Euroislam dar.

Und die Liberalen als dritter Typ würden am liebsten den Islam in jeder Hinsicht religiös und kulturell so anpassen, dass er zu einem allgemein akzeptierten, religiösen Gut der Menschen werden könnte.

Muslime sind demnach nicht alle gleich. Wer sie mit dem Evangelium erreichen will, wird sich um einen differenzierten Zugang bemühen müssen. Hesselgrave und Rommen sprechen an dieser Stelle von der Notwendigkeit, „den Kontext innerhalb von Kontexten“ zu berücksichtigen.[76] Kein einzelner Ansatz kann also alle

74 Massey 2000:12.

75 Monshipouri 2002:99.

76 Hesselgrave 1989:165.

Schattierungen einer diversifizierten islamischen Gesellschaft abdecken. Das gilt vor allem für den urbanen Islam. Jeder Versuch, eine bestimmte Methode zu idealisieren, muss deshalb im Ansatz scheitern.

Kapitel 5:

Der bunte Teppich des Islam

5.1. Strömungen, Richtungen, Sekten

Muhammad postulierte seine Religion als Religion der Einheit. In dem einen Gott sollten alle seine Nachfolger zu der einen Gemeinschaft der Gläubigen, der *Umma,* dem Haus des Islam gehören. Doch genau das Gegenteil davon ist der Fall. Der Islam ist keine einheitliche religiöse Bewegung. Wie in den anderen monotheistischen Religionen haben sich auch im Islam verschiedene Gruppen und Sekten gebildet. In groben Zügen lässt sich die Religion in drei große Ströme einteilen: die Sunniten, Schiiten und Sufis. In jeder dieser Richtungen gab es im Laufe der bewegten Geschichte des Islam Reformbewegungen, die sich zum Teil erheblich von der ursprünglichen unterscheiden.[77] Immer wieder ist der Islam dabei auch synkretistische Verbindungen mit den Glaubensvorstellungen der islamisierten Bevölkerung eingegangen. Diese als Volksislam bekannten Glaubensvorstellungen stellen wiederum eine eigene breite Masse an Muslimen dar. Nicht selten werden solche Ausprägungen von der traditionellen Mehrheit der Muslime nicht anerkannt, ja sogar brutal verfolgt.

Im Laufe der Geschichte gab es blutige Kriege zwischen diesen Strömungen, Richtungen und Gruppierungen. Wie brutal man den „andersgläubigen" Muslim verfolgen und ausrotten kann, zeigt die heutige Situation im Irak und Syrien nur zu deutlich. Hier stehen sich unter anderem Sunniten in der Gestalt des Islamischen Staates (IS) und Schiiten unversöhnlich gegenüber.

77 Eine hervorragende Einführung in die Auffächerung des Islam findet man in Schirrmacher 1994b:1-141.

5.2. Sunniten

Die Sunniten stellen den traditionellen Islam dar. Sie bilden bei Weitem die größte Glaubensrichtung im Islam. Sie werden als *ahl as-sunna* (Volk der Tradition) bezeichnet, weil sie sich allein auf die Autorität der Tradition des Propheten Muhammad (Sunna) beziehen. Historisch gehen sie auf das von Abu-Bakr gegründete islamische Kalifat zurück. Auch wenn die Sunniten immer wieder die Einheit aller Muslime unter der Sunna betonen, ist diese Glaubensrichtung nie wirklich einheitlich gewesen. Im Laufe der Jahrhunderte haben sich viele Rechtsschulen und Sekten unter den Sunniten gebildet. Zu den bekanntesten sunnitischen Rechtsschulen zählen die Hanafiten, Malikiten, Hanbaliten und Schafiiten. Heute machen vor allem die Muslim-Bruderschaften und Salafisten von sich reden.

5.3. Schiiten

Die Schiiten (von Schia = Partei) verfechten das ewige Recht der Prophetenfamilie auf das Kalifat, das infolge der Ermordung des Schwiegersohnes und Cousins des Propheten Muhammad Ali und aufgrund des Thronverzichtes seines älteren Sohnes Hasan und durch den Tod des zweiten Sohnes Hussein in einer Schlacht für immer verloren gegangen war. Um Ali und seine Söhne hat die Schia im Laufe der Jahrhunderte einen Heiligenkult entstehen lassen, der so weit geht, dass man sogar im Tode Husseins einen offenen Weg ins Paradies erblickt.

Da es mit dem Tod der Ali-Söhne keinen rechtlichen Nachfolger des Propheten Muhammad mehr gab, lehnten die Schiiten das Kalifat bald grundsätzlich ab und erkannten nur noch die geistliche Leitung der Gemeinde an, das *Imamat*. Der Imam erhält, laut der Lehre der Schiiten, das geheimnisvolle „Licht Muhammads“. Man erwartet gar eine geheimnisvolle Inkarnation Muhammads in einem noch „verborgenen Imam“.[78]

Auch unter den Schiiten gibt es eine Reihe von Richtungen,

78 Zu der Geschichte der Abspaltung der Schiiten von der sunnitischen Mehrheit, siehe Schirrmacher 1994b:1ff.

die sich meist über die jeweiligen Inkarnationen des „verborgenen Imams“ streiten. So glauben die Imamiten an eine Zwölferreihe von „verborgenen Imamen“, wobei der letzte auf geheimnisvolle Weise entrückt worden ist. Die Ismailiten dagegen gehen von sieben aus und schließen die Reihe mit Ismail ab. Weitere Sekten der Schia stellen die Karmaten, die Assasinen oder auch die Drusen im Libanon dar.

Die Schia ist nur im Iran zur Staatsreligion erhoben worden. Größere Gruppen von Schiiten leben im Irak, im Libanon, in Aserbaidschan und in Tadschikistan. Etwa 15 % der Muslime bekennen sich zur Schia. Ihre Lehren werden von den Rechtsschulen der Sunniten abgelehnt. Manche Reformbewegungen der Sunniten gehen so weit, dass sie den Schiiten jede rechtmäßige Zugehörigkeit zum Islam absprechen und sie wie der IS entweder zur Konversion zwingt oder sie jedoch umbringt.

5.4. Sufi

Der Sufismus, der Islam der mystischen Bruderschaften, umfasst etwa 3 % der islamischen Weltbevölkerung. Meist in straffen geistlichen Orden organisiert, rekrutieren die Sufi-Bruderschaften ihre Anhänger sowohl aus den Reihen der Sunniten als auch der Schiiten.[79] Das Hauptinteresse der Sufi gilt der mystischen Vereinigung zwischen Gott und Mensch, die infolge religiöser, oft ekstatischer Übungen erreicht werden soll. Etwa 88 unterschiedliche Sufi-Orden sind weltweit bekannt. In Deutschland kennt man vor allem die türkischen Derwisch-Bruderschaften, die *Bektaschi* und *Mewlewi-Orden*, die Letzteren sind nicht zuletzt als tanzende Derwische bekannt.

5.5. Reformbewegungen im Islam

Erneuerungs- und Reformbewegungen sind im Islam von frühesten Zeiten an bekannt. In gewisser Hinsicht stellen alle Sekten des Islam den Versuch dar, einen reinen Islam zu verwirklichen. Drei

---

79 Siehe: Schirrmacher 1994b:62-84.

der vielen Reformbewegungen verdienen jedoch besondere Erwähnung: die Wahhabiten, die Ahmadiya[80] und der Baha'ismus.[81]

Die **Wahhabiten** gehen auf Mohammed ibn Abd al-Wahhab (1703–1787) zurück, der in Arabien den Urislam anstrebte, der sich all der vielen Neuerungen, die sich seit der Gründung in die Religion eingeschlichen hatten, zu entledigen suchte. Als solche wurden die Fürbitte des Propheten, der Gebrauch des Rosenkranzes, die Ornamente in den Moscheen, das Bartscheren, das Tabakrauchen, die Musik, bestimme Arten von Männerkleidung usw. aufgefasst. Puritanisch ausgerichtet, überlebte der Wahhabitismus bis heute im Staat Saudi-Arabien, trotz wiederholter Versuche in der Vergangenheit, den auf den Gründer zurückgehenden arabischen Wahhabitenstaat politisch aufzulösen. Außerhalb Arabiens scheinen die Wahhabiten vor allem in den Muslimischen Bruderschaften großen Einfluss zu genießen.

Die **Ahmadiya** ist dagegen eine moderne Missionsbewegung, die vom Pundschabi Mirza Ghulam Ahmad (1835–1908) gegründet wurde und die sich vor allem durch ihre Jesuslehre vom Traditionsislam unterscheidet. Nach Ahmad ist Jesus lebendig vom Kreuz abgenommen worden und danach in den Osten ausgewandert, wo er hochbetagt in Srinagar (Kaschmir) verstarb. In Ahmad, dem Gründer der Bewegung, erblicken ihre Anhänger den verheißenen Mahdi, den Messias, in dem die Wiederkunft Jesu verkörpert ist. Seine Lehre wird daher als wegweisend für den Weg zum Paradies gepriesen. Die Ahmadiya ist missionarisch in vielen Ländern der Welt sehr aktiv, auch und vor allem in Europa, wo sie einen intellektuellen und aufgeklärten Islam zu verkörpern sucht und sich als eine Weltverbesserungsbewegung darstellt.

Ähnlich versteht sich auch der **Babismus**, eine Erneuerungsbewegung, die vom Perser Mirza Ali Mohammed (1821–1850), einem hingegebenen Schiiten ins Leben gerufen worden war. Er selbst nannte sich Bab, die Tür, verfasste ein Buch, Bayan, in dem er seine Offenbarungen niederschrieb, die einen allgemeinen Monismus predigen und ihn, den Bab, als „Spiegel des Hauches Got-

80 Eine gute Darstellung bei Schirrmacher 1994b:85-93.

81 Siehe die Darstellung von Reimer 1999.

tes“ preist, auf dem der Geist des Mahdi und des Propheten ruht. Zum anderen fordert er eine Reihe von ethischen und sozialen Reformen im Islam. Seines Gottesbildes wegen wurde Bab als Ketzer hingerichtet. Babs Lehre wurde von einem seiner Anhänger, Mirza Hussein Ali Nuri (1817–1892), aus Teheran weitergeführt und weiterentwickelt. Er nannte sich „Beha Allah“, der Glanz Gottes, und bezeichnete sich als eine Emanation der Gottheit, die allerdings nicht nur für die Muslime, sondern für die ganze Menschheit gekommen sei. Sein Programm, das auf fundamental menschlichen Tugenden baut, ist auf die Schaffung einer Welteinheit ausgerichtet. Beha Allah stellte sich daher auch als die Erfüllung der messianischen Erwartungen aller Weltreligionen dar. Als „wiederkehrender Christus, die Wiedergeburt Krischnas, der fünfte Buddha, die Verkörperung des Mahdi“, gründete er den Bahaismus, eine in vielen Ländern der Welt vertretene Weltverbesserungsreligion, von der sich der Islam allerdings bewusst distanziert.

5.6. Der Volksislam

Der Islam ist keine einheitliche Religion. Im Laufe der Jahrhunderte haben sich unterschiedliche Schulen herausgebildet, wie wir gesehen haben. Neben diesen organisierten islamischen Richtungen gibt es unzählige lokale Ausprägungen, die wir mit dem Begriff Volksislam zusammenfassen.[82] In der Regel handelt es sich hierbei um synkretistische Glaubensvorstellungen, die durch den Einfluss vorislamischer Überzeugungen auf den Islam entstanden sind und oft im deutlichen Widerspruch zu dem orthodoxen Islam stehen. Nicht selten dominieren solche Vorstellungen, gezeichnet von Heiligenverehrung, Beschwörungsformeln und eigenen Riten, die Glaubenspraxis der Menschen vor Ort.

Volksislamische Ausprägungen sind weit verbreitet. Der Volksislam beherrscht in der Regel das Herz der Muslime, sogar dann, wenn sie nach außen treue Anhänger der vorherrschenden islami-

82 Zum Problem der Definition und Einordnung volksislamischer Frömmigkeit, siehe Schirrmacher 1994b:94ff.

schen Doktrin sind. In der missionarischen Begegnung mit den Menschen islamischen Glaubens wird es daher von enormer Bedeutung sein zu erkennen, inwieweit sich diese Menschen an den organisierten Islam in einer seiner vielen Spielarten halten oder eher an lokale Deviationen volksislamischer Art.

5.7. Staat und Mission

Der Islam sucht in den meisten seiner Ausprägungen den Glauben ganzheitlich zu leben. Eine Trennung zwischen privat und öffentlich, sakral und profan ist ihm fremd. Umma ist sowohl religiöser als auch sozio-politischer Raum. In der Praxis führt diese Ganzheit immer wieder zur Entstehung islamischer Staaten, wobei das Staatsoberhaupt, der Kalif im Sunnitentum, zugleich das geistliche Oberhaupt für die Gläubigen darstellt. Die Schiiten dagegen lehnen eine solche Autorität des Kalifen ab. Und so kam und kommt es bis heute dazu, dass die jeweilige herrschende Partei nicht nur die Nicht-Muslime, sondern auch und nicht selten vor allem die andersgläubigen muslimischen Brüder unterdrückt.

Der Islam teilt die Welt in zwei Bereiche ein – das Dar-al-Islam (Haus des Islam) und Dar-al-Harb (Haus des Krieges).[83] Im Haus des Islam leben die Menschen nach den Geboten Allahs unter dem islamischen Gesetz, der Scharia. Im Haus des Krieges gelten dagegen eigene Gesetze. Die Menschen gehorchen Allah nicht und müssen daher für den rechten Glauben gewonnen werden. Wie das zu erreichen ist, darüber streitet sich die muslimische Gemeinschaft. Während die einen für eine friedliche Durchdringung der Welt mit der Wahrheit des Islam plädieren, setzen sich andere für eine militärische Unterjochung ein. Mark Gabriel zitiert den Gründer einer fundamentalistisch-islamischen Bewegung in Pakistan, Mawdudi, mit den Worten:

> „Der Islam ist ein revolutionärer Glaube, der antritt, um jede von Menschen geschaffene Staatsform zu zerstören. Der Islam ist nicht darauf aus, dass eine Nation in einem besseren Zu-

83 Siehe dazu Murdoch 2009:80-81.

stand ist als eine andere. Der Islam schert sich nicht um das Land oder darum, wem das Land gehört. Das Ziel des Islam ist es, über die gesamte Welt zu herrschen und die ganze Menschheit dem Glauben des Islam zu unterwerfen. Jede Nation oder Macht in dieser Welt, die versucht, diesem Ziel in den Weg zu treten, wird der Islam bekämpfen und vernichten."[84]

Mawdudi und seinesgleichen berufen sich an dieser Stelle auf Sure 48,28. Hier heißt es: „Er ist es, der seinen Gesandten geschickt hat mit der Führung und der Religion der Wahrheit, dass er sie siegreich mache über jede andere Religion. Und Allah genügt als Bezeuger."

Der Islam versteht sich somit als missionarischer Glaube. Das Ziel der Mission ist die Unterwerfung der Ungläubigen zum Islam und die Errichtung des theokratischen Staates, in dem einzig und allein das Gesetz des Islam, die Scharia, herrscht und alle Menschen sich dem Willen Allahs unterwerfen.

84 Gabriel 2005:106.

Kapitel 6:

Christen und Muslime – Geschichte, Konflikte, Vorurteile

6.1. Frühe Beziehungen

Der Islam ist eine nach-christliche Religion. Er ist entstanden in einer Region, die von christlichen Gemeinden umgeben war. Auch in Arabien sind christliche Gemeinden in der vorislamischen Zeit nachgewiesen.[85] Deutlich tritt dabei die starke denominationelle Zersplitterung dieser Gemeinden zutage. In der Stadt Najran z. B. soll es mehrere christliche Gemeinden gegeben haben, so unter Griechen, Syrern, Äthiopiern und Nestorianern.[86] Lehrmäßig zerstritten, boten diese Gemeinden nicht nur Anlass zur Freude und hielten suchende Menschen wie Muhammad eher davon ab, sich einer dieser Richtungen anzuschließen.

Muhammad und seine Nachfolger hatten somit von Anfang an Kontakte zu Christen. Sie werden vieles in ihrem Glaubensgebäude von den Christen übernommen haben. War das Verhältnis Muhammads und seiner ersten Jünger anfangs zu den Christen sogar von Bewunderung geprägt, wovon viele Verse des Korans zeugen[87], so schlug spätestens mit der Weigerung der Juden und Christen, den Führungsanspruch Muhammads in Yathrib/Medina zu akzeptieren, die Stimmung um. Auch hierfür finden wir eindrucksvolle Beispiele im Koran selbst. Dass die Christen bei gleichzeitiger Zerstrittenheit seine Führung ablehnen, wird im Koran an mehreren Stellen bitterlich beklagt. So heißt es in Sure 30,32, dass Christen „ihren Glauben spalteten und in Sek-

---

85 Schirrmacher 1984:21-26.

86 Siehe unter anderem Busse 1988:10.

87 Siehe z. B. Surre 2,62; Sure 5,82.

ten zerfielen, von denen sich jede Partei ihrer eigenen Meinung erfreut".[88]

Einen innerlich so zerrissenen Glauben wollte Muhammad nicht akzeptieren. Ein solcher Glaube schwächte die Position der wahren Gläubigen statt ihn zu stärken. Es ist die fehlende Einheit der Christen, die letztlich einen Teil von Muhammads Erfolg unter den Arabern begründet, und zugleich das tiefe Misstrauen den Christen gegenüber.

6.2. Der Siegeszug des Islam außerhalb Arabiens

Bald nach dem Tod Muhammads beginnt der Siegeszug des Islam auf dem Territorium des Byzantinischen Imperiums. Und auch hier geht der schnelle Vormarsch islamischer Heere deutlich auf das Konto des in sich uneinigen Christentums. Manche von der Staatskirche verfolgte christliche Sekten ergriffen offen Partei für die Araber.[89] Die Muslime erschienen ihnen als Befreier aus dem Joch der oströmischen Kirche und ihrer Herrscher. Eberhard Tröger fasst richtig zusammen: „Wären sich die Christen und ihre Führer einig gewesen, hätten weder Araber noch Türken die christlichen Länder erobern, geschweige denn dauerhaft regieren können."[90] Der Eindruck der Muslime, für die rechte und bessere Sache des gemeinsam mit den Christen geglaubten Gottes zu kämpfen, verfestigte sich dadurch nur noch. Konstantinopel herrschte mit eiserner Hand. Andersgläubige wurden brutal verfolgt. Und diese Verfolgung von der staatlichen Kirche abweichender Glaubenspositionen und ihrer Anhänger nahm zum Teil grässliche Züge an und war zum Teil „härter als die islamische".[91]

Der Islam überrannte regelrecht das Byzantinische Imperium. Binnen weniger Jahrzehnte fielen alle historischen Städte des frühen Christentums, einschließlich Jerusalem, Antiochien, Ephesus u. a. in die Hand der Muslime. Und in den folgenden Jahrhun-

88 Siehe auch Sure 5,159; 19,37; 23,53.
89 So z. B. die Jakobiten und die Kopten. Siehe u. a. Schirrmacher 1994a:12.
90 Tröger 2000:70.
91 Tröger 2000:69.

derten eroberten islamische Heere das gesamte Byzantinische Imperium und das christliche Nordafrika. Und bald standen sie vor den Toren Europas.

Im Jahre 1354 griff das Osmanische Imperium zum ersten Mal Europa an. 1361 fiel Adrianopel und 1389 verlor der serbische Prinz Lazar die Schlacht gegen die Türken, angeführt von Sultan Murad I (1360–1389). Nur wenige Jahre später wurde Konstantinopel von Sultan Mehmed II (1451–1481) eingenommen. Und 1529 standen die Türken vor Wien. Ungarn fiel an die Osmanen und 1683 standen sie wieder vor Wien. Die Gefahr, Europa würde ähnlich wie Byzanz im Islam versinken, war real. Die großen Reformer Martin Luther (1483–1546) und Johannes Calvin (1509–1564) hatten wie viele andere mit ihnen wenig Positives über den Islam zu sagen und sahen im Islam antichristliche Züge. So äußerte sich Calvin in einer seiner Predigten wie folgt:

> „Wenn die Türken ihren Muhammad an die Stelle von Gottes Sohn setzen und wenn sie nicht anerkennen, dass Gott sich im Fleisch manifestiert hat, was einer der Hauptartikel unseres Glaubens ist, dann machen sie sich durch Perversitäten schuldig und führen so viele Leute in die Irre, dass sie es verdienen, getötet zu werden."[92]

Die Vernichtung der Christlichen Welt im Osten hat den Islam in den Augen der Christen zu einer antichristlichen Größe aufsteigen lassen.[93] Entsprechend hart fiel das Urteil aus. Schon bald führten christliche Heere einen vernichtenden Kampf gegen die Muslime. Traurige Berühmtheit erlangten dabei die Kreuzzüge. Die Brutalität der Kreuzritter gegen die Muslime hat tiefe Wunden in der kollektiven Erinnerung der Muslime zurückgelassen.

So sind die ersten Jahrhunderte der islamisch-christlichen Beziehung von tiefem Misstrauen, Feindschaft und Kriegen geprägt. Dabei stehen die islamischen Heere nicht nur einmal mitten in

92 Calvin, Predigt 88 zu Deut. 38.

93 Zur Geschichte der christlichen Mission unter Muslimen, siehe Vander Werff 1977.

Europa und bedrohen die christliche Welt mit totaler Vernichtung. Erst seit dem Sieg der katholischen Könige Ferdinand und Isabella im Jahre 1492 über das letzte muslimische Reich auf spanischem Boden, das Nasiridische Königreich von Granada, leitete das Christentum das Ende der islamischen Expansion auf christlichen Territorien ein.

Diese historischen Ereignisse haben tiefe Spuren im Verhältnis der Muslime und Christen hinterlassen. Wer das Gespräch mit den Muslimen sucht, sollte diese Geschichte kennen. Gerade und vor allem Christen, die sich anschicken, Muslime zum Glauben an Jesus zu führen, sollten die kollektiven Wunden der Muslime und die darauf bauenden Vorurteile gegenüber dem Christentum und den Christen kennen. Erst wo diese abgebaut werden, können gegenseitiges Vertrauen und Respekt wachsen.

Erst im 16. Jahrhundert stabilisierten sich die Machtverhältnisse zwischen der christlichen und der islamischen Welt. Und mit der Stabilisierung der Machtverhältnisse entwickelten sich bald auch wirtschaftliche Beziehungen zwischen den christlichen und muslimischen Ländern. Europa drängte bald in den Westen und Osten und traf hier auf den Islam, der sich seit Jahrhunderten in den Osten hinein ausbreitete. Markiert wird diese Begegnung am deutlichsten in Südostasien. Die Philippinen, genannt nach Philipp II von Spanien (1556–1598), ist das einzige fast völlig christliche Land[94] in Asien. Aber das wirtschaftliche und politische Erstarken der christlichen Länder eröffnete bald ein neues Problemkapitel in der Beziehung zwischen Christen und Muslimen.

6.3. Europäischer Kolonialismus – Schande des Islam

Keine andere Periode hat so stark das Verhältnis von Christen und Muslimen belastet wie die Zeit des europäischen Kolonialismus. Das wird deutlich, wenn man sich die politische Karte vor und nach diesem Jahrhundert im Bezug auf den politischen Einfluss der Muslime betrachtet. Im Jahre 1700 beherrschten drei große

94 Die einzige Ausnahme bildet die Insel Mindanao, die vor allem von Muslimen bewohnt wird.

muslimische Reiche den asiatischen Kontinent: das Osmanische Reich im Westen, das Safawidische Persische Reich in der Mitte und das Mogulreich im Süden. Diese Reiche erstreckten sich im Westen von Ungarn und Algerien bis zur Bucht von Bengalen auf dem indischen Subkontinent im Osten. Weitere islamische Länder wie Marokko, die Emirate in Buchara und Samarkand in Zentralasien und Länder in Südostasien kommen noch dazu.

Während der nächsten zwei Jahrhunderte wird sich dieses Bild dramatisch zugunsten des christlichen und politisch gesehen europäischen Einflusses verändern. Wie der Islam zu Beginn seiner Geschichte Byzanz überrannte, so eroberten nun christliche Reiche islamische Territorien. So gab das Osmanische Reich im Jahre 1699 durch den Vertrag von Karlowitz Ungarn an Österreich ab. 1774 verlor es die Halbinsel Krim an die Russen. Innerhalb eines Jahrhunderts besetzte Russland große Territorien im Kaukasus und in Zentralasien. Seit 1757 nach der Schlacht von Plassey breitete sich England in Indien aus, was schließlich, etwa ein Jahrhundert später, zur Auflösung der Mogulen-Dynastie führte. Im Jahre 1830 nahmen die Franzosen Algier ein und begannen ihre Expansion in ganz Nord- und Westafrika. Die Geschichte der europäischen Eroberung muslimischer Territorien ging rasant vonstatten:

1. 1839 besetzten die Briten Aden.
2. 1881 besetzten die Franzosen Tunesien.
3. 1882 besetzten die Briten Ägypten.
4. 1898 folgte der Sudan.
5. 1907 wurde der Iran in eine britische und eine russische Einflusszone geteilt.
6. 1912 besetzten die Italiener Libyen.
7. 1912 verkündeten die Franzosen ein Protektorat über Marokko.
8. 1912 verkündeten die Spanier ein Protektorat über Mauretanien.

Ähnliches fand auch in anderen Teilen der muslimischen Welt statt. Frankreich breitete sich in Westafrika aus, England in Malaysia und die Niederlande in Ostindien. Nach dem Ersten Weltkrieg gerieten Irak und Palästina unter das britische und Syrien und der Libanon unter das französische Protektorat. Schließlich waren es nur noch drei muslimische Länder, die zwischen den beiden Weltkriegen quasi unabhängig von europäischen Ländern blieben: Afghanistan, die Türkei und Saudi-Arabien. Der europäische Einfluss war allerdings auch hier massiv spürbar.

Wichtig ist zu bemerken, dass der europäische Kolonialismus oft Hand in Hand mit einer Art von religiösem Imperialismus ging. Abraham Kuypers, der fromme Premierminister der Niederlande, war der Meinung, dass es Gott gewesen ist, der seinem christlichen Land das muslimische Indonesien gegeben habe. Und die Eroberung der Philippinen durch die USA im Jahre 1898 wurde von Präsident William McKinley wie folgt kommentiert: „Da war für uns nichts anderes zu tun, als alles an uns zu nehmen und die Filipinos zu erziehen, sie zu entwickeln, zu zivilisieren und zu christianisieren und ihnen als unseren Mitmenschen, für die Christus gestorben ist, mit Gottes Gnade das Beste zu tun, das wir ihnen tun konnten." Imperiale Politik und imperiale Mission lagen hier nur allzu eng beieinander.

Der Siegeszug des christlich geprägten Europas über die islamischen Länder verursachte in diesen Ländern vielfältige Reaktionen. Zum einen reagierten muslimische Herrscher mit einer Art Anpassung ihrer Kultur an europäische Verhältnisse. Schon Mehmet II (1451–1481), der Eroberer von Konstantinopel, ließ trotz aller islamischen Bilderverbote sein Porträt von dem italienischen Maler Bellini herstellen. Europäische Spuren sind in der islamischen Kunst, Architektur, Bildung und Gesellschaftspolitik in dieser Periode allgegenwärtig. So entwickelte sich im 18. Jahrhundert im Osmanischen Reich der Barockstil in der Architektur. Die Nur-u-Osmaniye (Licht des Osman) Moschee in Istanbul, errichtet zwischen 1748 und 1755, ist dafür ein hervorragendes Beispiel. In Ägypten ahmte der Khedive Ismail (1863–1879) in den Umbauplänen seiner Hauptstadt Kairo Paris nach und eröffnete 1869 das Kairoer Opernhaus mit der Aufführung von Verdis Rigoletto. 1896 wurde hier Aida von Verdi aufgeführt. Und in

Indien schrieb der wichtige Erziehungsreformer Sayyid Ahmad Khan (1817–1898), der im Jahre 1875 das Anglo-Oriental College in Aligarh gründete, während eines Besuchs in England im Jahre 1869: „Alle guten Dinge, geistliche und weltliche, die im Menschen gefunden werden sollten, sind vom allmächtigen Europa, und besonders England, geschenkt worden."

Ähnliche Anpassungen sind im Bereich der Politik und Wirtschaft zu verzeichnen, eine Entwicklung, die nicht selten an den Vorstellungen und den Traditionen der Völker selbst vorbei durchgesetzt wurden. Den anpassungsfreudigen muslimischen Herrschern war bald alles traditionell-islamische suspekt, überholt, gestrig. Der Geist der europäischen Aufklärung wurde offen zur Schau getragen und die Bevölkerung angehalten sich anzupassen.

Das Resultat ließ nicht lange auf sich warten. Überall in der islamischen Welt entstanden Widerstandsbewegungen, zum Teil ausgeprägt militante Bewegungen, die zum Heiligen Krieg, dem *dschihad*, gegen die Europäer und damit auch gegen ihre christliche Mission und ihren Glauben aufriefen. Sie warfen ihren Mächtigen Schande und Verrat am Glauben vor und brandmarkten die Anpassung des Lebensstils an europäische Vorstellungen als Sünde. Die meisten oben besprochenen Reformbewegungen im Islam gehen auf diese Zeit zurück oder haben hier ihre Wurzeln.

Die Reformer sorgten für politische Unruhe und für Verfolgungswellen gegen Christen. In den allermeisten Fällen führte dieser Widerstand, auch wenn er Jahrhunderte gedauert hat, zum völligen Rückzug der Europäer aus dem betroffenen Land. Die Rückkehr zur Tradition warf das betroffene Land ökonomisch und politisch zurück. Dass manch ein islamisches Land bis heute nicht zur Ruhe kommt, hat mit den Spätfolgen des Kolonialismus zu tun.

Und auch die traditionellen vorislamischen Kirchen gerieten unter Druck und verließen schließlich das jeweilige Land.

Im Gespräch mit Muslimen tut man gut daran, die wirtschaftliche Überlegenheit des sogenannten „christlichen“ Westens vor dem Islam so weit wie möglich nicht zu thematisieren. Die Reaktionen der Muslime sind an dieser Stelle schnell negativ. Das Gespräch wird abgebrochen. Stattdessen kann und sollte man von den Übeln kolonialer Herrschaft reden.

Kapitel 7:

Mission unter Muslimen – Die Last der Geschichte

7.1. Die Vorzeichen

Es ist heute weitgehend Konsens unter christlichen Islamforschern, dass der Islam nicht zuletzt ein Ergebnis des Versagens der christlichen Mission auf der arabischen Halbinsel ist. Bis in das 6. Jahrhundert gelang es den christlichen Gemeinden in Arabien weder, eine kritische Menge Araber zum Glauben an Christus zu gewinnen, noch eine einheimische arabische Gemeinde zu bilden. Dass es arabische Christen gegeben hat, ist unumstritten. Auffällig ist dagegen ihre missionarische Lethargie. Arabien scheint zu einem Rückzugsgebiet von christlichen Eremiten geworden zu sein. Es sind vor allem die nach eigener Heiligung suchenden Mönche mit ihren Gebeten und Pilgerfahrten, die Gottsucher wie Muhammad begegnen (vgl. Sure 5,82; 9,31.34). Die Information, die sie von diesen Mönchen bekommen, ist vorläufig, unvollständig, ja sogar verfälscht. Die arabische Wüste stellt zu dieser Zeit eine regelrechte „Schmiede der Sekten“[95] dar. Einen eigenen Zugang zur Bibel oder dem Neuen Testament hatten die Araber nicht. Vielleicht liegt hier die größte Tragödie der Zeit. Die missionslose Christenheit hat es nicht verstanden, den Arabern eine Übersetzung des Neuen Testaments in ihrer Sprache zu geben.[96]

Wie schlecht suchende Araber informiert wurden, darüber gibt der Koran am besten Zeugnis. Muhammads Wissen ist stark lückenhaft, er stellt christliche Dogmen wie die Dreieinigkeit eigensinnig und falsch dar. Zentrale Lehren des christlichen Glaubens werden gar nicht erwähnt. Offensichtlich hat es die

95 Kuberski 1987:25.

96 Baumann 2003:57; Schirrmacher 1994a:14.

christliche Mission in den Jahrhunderten massiver Präsenz in der Region nicht verstanden, die Araber adäquat über die Lehren des Christentums zu informieren.[97] Das Ergebnis lag in der Luft. Muhammads Erscheinen setzte eine Bewegung in Gang, die schon bald selbst missionarisch wurde und die christlichen Länder der Region überrannte. Der Islam ist somit ein Ergebnis des Versagens christlicher Mission.[98] Und dieses Versagen setzt sich in der Geschichte der islamisch-christlichen Beziehungen in vielfältiger Weise bis heute fort. Hans Staub schreibt: „In der christlichen Missionsarbeit sind die islamischen Länder schon immer vernachlässigt worden. Die Missionare haben – mit wenigen Ausnahmen – schon seit Jahrhunderten einen Bogen um diese Gebiete gemacht."[99] Wo Mission aber stattfand, hinterließ sie bleibende Schäden. Es ist wichtig, die daraus erwachsenen Vorurteile der Muslime zu kennen.

7.2. Mission unter den Muslimen in der Ostkirche

In den ersten Jahrhunderten der christlich-islamischen Beziehungen ist so gut wie keine Missionsarbeit bekannt. Byzanz sieht sich in permanente kriegerische Auseinandersetzungen mit dem nach Westen drängenden Islam verwickelt. Die missionarischen Interessen gehen eher in den Norden. Hier werden die Slawen missioniert. Berühmt wurden die beiden Brüder Cyrill (826–869) und Methodius (815–885), die wesentlich zur Missionierung sowohl der West- als auch der Ostslawen beigetragen haben.[100] Muslime werden dagegen durchweg als Feinde, als antichristliche Gegner gesehen. Nicht Mission, sondern Krieg und Vernichtung sind hier die Themen. Entsprechend belastet ist das Verhältnis auf beiden Seiten. Es verwundert daher kaum, warum man bis heute nahezu jede Erinnerung an die christliche Vergangenheit in der Türkei vermeidet. In der Tat findet man in den antiken Stätten des Lan-

---

97 Schirrmacher 1994a:13.

98 Siehe mehr in Baumann 2003:36ff.

99 Staub 1982:13.

100 Siehe hierzu Reimer 1994.

des kaum einen Hinweis auf immerhin 1000 Jahre christlicher Geschichte, ob es dabei um Antiochien, heute Antakia, Ephesus oder Smyrna und Izmir geht. Zu schwer und zu problematisch scheinen diese Erinnerungen, zu belastet die Vergangenheit, um über sie zu reden.

Am Ende siegte der Islam. Das Christentum zog sich aus Byzanz weitgehend zurück. Eine missionslose Kirche, die auf Verteidigung ihres Besitzstandes mit Waffengewalt setzte, vermochte weder sich selbst noch ihre Untertanen zu schützen.

7.3. Missionarische Anfänge im Katholizismus

Auch in der West-Römischen Kirche ist die Haltung zum Islam von Feindseligkeit geprägt. Hier entsteht erst mit der Gründung der Bettelorden ein Interesse für die Muslimmission, verbunden mit dem Namen von Franziskus von Assisi (1182–1226). Zunächst ist Franziskus von der allgemeinen Kreuzfahrer-Euphorie ergriffen und versucht 1212 nach Syrien und 1214 nach Marokko zu gehen, muss aber diese Fahrten wegen Unwetter bzw. Krankheit aufgeben. 1219 gelingt ihm dann mit zwölf weiteren Gefährten die Seefahrt nach Akko und dann nach Damietta in Ägypten, eine Stadt, die gerade von der Armee des fünften Kreuzzuges belagert wird. Schon bald ist Franziskus zutiefst von den „christlichen" Kreuzrittern enttäuscht. Sie stellen sich ihm als eine Horde geldgieriger marodierender Soldateska dar. Von christlichen Tugenden kann bei diesen Menschen keine Rede sein. Mission im Namen Gottes findet hier also nicht statt. Muslime sind mit diesen Menschen für Christus nicht zu gewinnen.

Deshalb entscheidet sich Franziskus, ein direktes Gespräch mit führenden Muslimen zu suchen. Er sucht und bekommt einen Gesprächstermin mit Sultan al-Malik al-Kâmil (1218–1238). Berichte über dieses Gespräch sind vielschichtig, aber es scheint, dass Franziskus dem Sultan anbot, Gottes Urteil sprechen zu lassen, wenn die Lehren der Christen falsch sein sollten. Gott solle Feuer vom Himmel auf ihn fallen lassen. Der Sultan willigte jedoch nicht ein. Auf jeden Fall ist Franziskus' Vorstoß der erste Versuch, die Muslime nicht mit der Waffe, sprich politisch, sondern mit dem Wort Gottes zu überzeugen.

Raimundus Lullus (ca. 1232–1316) ist der zweite große Namen, den wir mit der frühen Mission unter den Muslimen verbinden. Lullus wurde auf der Insel Mallorca geboren. Die Insel war erst wenige Jahre zuvor von den Christen wiedererobert worden. Er wurde Soldat. Im Jahre 1263 erlebte er während einer Messe am Fest zu Ehren des hl. Franziskus eine Vision, die ihn dazu bewog, seinen Dienst zu quittieren und sich ganz Jesus zu weihen. Dabei wollte er Bücher schreiben, die denjenigen den Glauben erklärten, die Jesus noch nicht kannten, eine Lehranstalt für Missionare eröffnen und schließlich als Märtyrer für seinen geliebten Meister sterben. Sein großes Vorbild dabei war der hl. Franziskus. Im Jahre 1295 schloss er sich dem Orden der Franziskaner an. In seinen missionarischen Plänen wurde Lullus vor allem von der Mission zu den Muslimen geleitet.

In seiner Schrift *Das Buch vom Heiden und den drei Weisen*, die als Gespräch zwischen einem Juden, einem Christen, einem Muslim und einem Philosophen abgefasst ist und sich mit der Frage nach wahrer Religion beschäftigt, zeigt Lullus großes Verständnis für den Islam, auch wenn er damit nicht im Geringsten an der Richtigkeit des Evangeliums zweifelt. Lullus studierte viele Jahre Arabisch und im Jahre 1291 reiste der fast Sechzigjährige nach Tunis, wo er den dortigen islamischen Gelehrten versprach, er sei entschlossen, Muslim zu werden, falls der Islam im direkten Vergleich mit dem Christentum über eine bessere Rechtslehre verfüge. Das darauf eingeleitete Gespräch wurde jedoch schon bald für Lullus lebensbedrohend. Er musste aus Tunis fliehen. Im Jahre 1307 kehrte er jedoch nach Tunis zurück. Er stellte sich auf den Marktplatz und verkündigte öffentlich die Wahrheit des Evangeliums gegen die Lügen des Islam. Daraufhin wurde er verhaftet und ins Gefängnis geworfen. Europäische Geschäftsleute kauften Lullus frei und brachten ihn zurück nach Europa. Doch schon sieben Jahre später, im Jahre 1324 kehrte der mutige Evangelist nach Tunis zurück. Hier lebte er anfangs friedlich, ging aber dann in das östlich gelegene Bugia, wo er angeblich infolge seines provozierenden Redens von der aufgebrachten Masse der Muslime gesteinigt wurde.

Unvergessen bleibt auch der Versuch des Lullus, eine Missionslehranstalt ins Leben zu rufen. Diese entstand 1276 in Mirama auf Mallorca und bot 16 Jahre lang missionswilligen Brüdern Unterricht. Auch hier stand die Mission unter den Muslimen im Mittelpunkt des Interesses. Doch zu einer Mission unter Muslimen ist es, abgesehen von den spektakulären Aktionen von Lullus selbst, nicht gekommen; auch nicht in den folgenden Jahrhunderten, und das trotz des wachsenden Interesses der römischen Christenheit am Islam. Hierfür stehen vor allem der schon erwähnte Franziskaner und der vom Spanier Dominikus (1170–1221) gegründete Orden der Dominikaner, der es sich zum Ziel setzte, Irrlehren in der Kirche durch Lehre und Predigt zu bekämpfen. Auch der Islam stand hier im Visier der dominikanischen Mönche.[101] Doch die Intentionen sind zunächst eher politischer als missionarischer Natur. Das sollte sich im Laufe der kommenden Jahrhunderte nicht wesentlich ändern, auch wenn es Versuche gab, islamische Herrscherhäuser von der christlichen Wahrheit zu überzeugen. Die Veröffentlichung der Bibel in arabischer Sprache durch den Vatikan im Jahre 1583 diente eher der Stärkung der mit Rom unierten maronitischen Kirche als dem Versuch, ein Instrument zur Missionierung der Muslime zu schaffen. Ähnlichen Zielen diente auch die Gründung des Kollegs in Rom, in dem maronitischer Klerus ausgebildet wurde.

Erst mit der Gründung des Jesuitenordens beginnt die römisch-

101 Hervorragende Gestalten dieser Zeit, die sich mit dem Islam lehrmäßig auseinandersetzten, sind u. a.: Andreas von Longjumeau (gest. 1270), der in Tunis Arabisch studierte; Wilhelm von Tripolis, der 1273 sein Werk *De Statu Saracenorum et Mahomete Pseudopropheta eorum et eorum Lege et Fide* („Über die Lage der Sarazenen und ihren Pseudopropheten Muhammad sowie über ihr Gesetz und ihren Glauben") verfasste; Raymund von Peñaforte (ca. 1175–ca.1275), einer der führenden Männer, die das Sprachkolleg für Arabisch in Tunis und Murcia errichteten, und nicht zuletzt Ricoldo von Montecroce (1243–1320) aus Florenz, der zwischen 1289 und 1291 den Mittleren Osten ausgiebig bereiste. Missionare sind diese Männer nicht gewesen, sie haben aber wesentliches zum Verständnis des Islam geleistet.

katholische Islammission. Dieser Orden wurde im Jahre 1534 von Ignatius von Loyola gegründet und von Papst Paul III (1534–1549) 1540 als „Gesellschaft Jesu“ anerkannt. Ziel der Gründung war die Wahrnehmung missionarischer Dienste im Auftrag des Papstes. Die turbulenten Ereignisse um die Reformation herum haben die Jesuiten zunächst zur Speerspitze der Gegenreformation werden lassen, aber ihre ursprüngliche Vision blieb nicht unbeachtet. In den folgenden Jahren gaben die Jesuiten hervorragende Beispiele christlicher Mission ab. Vier dieser Missionare sind besonders zu erwähnen: Franz Xaver (1505–1552), einer der Mitbegründer der „Gesellschaft Jesu“, wurde Missionar in Indien und Japan; Mathäus Ricci (1552–1610) – in China; Jerome Xavier (1549–1617) arbeitete in den Jahren zwischen 1595 und 1614 am Hof des Mogulherrschers Akbar (1556–1605) und Jahangir (1605–1627); und Roberto de Nobili (1577–1656) diente als Missionar unter den Hindus in Südindien. Besonders hervorgehoben werden kann dabei der Versuch der Jesuiten, den Mogulenherrscher Akbar und später seinen Nachfolger Jahangir zur Übernahme des christlichen Glaubens zu bewegen. Die Mission fand auf Einladung der Mogulenherrscher selbst statt. Doch trotz massiver Vorbereitung und intensiver Übersetzungstätigkeit der Jesuiten scheiterte diese Mission. Jerome Xavier und seine Gefährten kehrten 1615 unverrichteter Dinge in die portugiesische Kolonie Goa zurück.[102]

7.4. Das Schweigen der Reformer

Überaus auffällig ist das Schweigen der Reformer, wenn es um die Frage der Mission unter den Muslimen geht, was so verwunderlich nicht ist, stehen sie doch grundsätzlich jeder Missionierung außerhalb der christlichen Völker skeptisch bis ablehnend gegenüber.

Lyle van der Werff nennt vier Gründe, warum die Reformer die Mission unter den Muslimen in ihren Werken negieren. Erstens scheinen sie der Überzeugung zu sein, dass der Missionsbefehl in Matthäus 28,19-20 ein Befehl an die Apostel gewesen ist und nicht auf die Gemeinde ihrer Zeit übertragbar sei.

---

102 Siehe dazu Arnulf Camps 1957.

Zweitens scheint bei einigen der Reformer die Lehre von der Erwählung Grund für ihre missionarische Passivität zu sein. Sie glauben, die Muslime seien von Gott nicht erwählt und deshalb aus dem Reich Gottes ausgeschlossen.

Andere wiederum sahen die Mission unter den Andersgläubigen als Aufgabe des Staates und schließlich lässt sich auch die Meinung feststellen, dass die Mission unter den Muslimen zwar prinzipiell richtig, die Zeit dafür jedoch noch nicht gekommen sei. Diese Ansichten begannen sich erst mit der Entstehung des Pietismus im 18. Jahrhundert zu ändern. Hier wurde der persönliche Glaube betont und eine scharfe Trennung zwischen Staat und Kirche propagiert.

7.5. Der protestantische Aufbruch

Der Aufbruch zur Mission ist mit dem Namen des britischen Baptisten William Carey und der Gründung der Baptist Missionary Society im Jahre 1792 verbunden. Das Zeitalter der protestantischen Mission ist eingeläutet.[103] Erst im 19. Jahrhundert kommt die Mission unter den Muslimen auf die Tagesordnung des westlichen Christentums, ist aber ein Thema massiver Streitigkeiten und Debatten.[104]

Als Pionier der protestantischen Mission zu den Muslimen gilt Henry Martyn (1781–1812). Als Absolvent von Cambridge ging er im Jahre 1806 als Missionar nach Indien. Während der sieben Jahre seines verbleibenden kurzen Lebens übersetzte er das Neue Testament ins Urdu und überarbeitete wesentlich die persische und arabische Übersetzung der Bibel. Martyn verließ 1811 Indien auf dem Seeweg in Richtung Bushire am Persischen Golf und

103 Im Laufe weniger Jahre nach der Gründung der Baptist Missionary Society (1792) entstanden in England eine Reihe weiterer Gesellschaften, so die überkonfessionelle London Missionary Society im Jahre 1795, die Anglican Church Missionary Society im Jahre 1799 und die British and Foreign Bible Society im Jahre 1804. Im Jahre 1812 wurde auch der American Board of Mission gegründet. Als erste Missionsgesellschaft auf dem kontinentaleuropäischen Boden entstand die Basler Mission (1805).

104 Addison 1942; Livingstone 1996:31ff.

setzte seine Reise über Land durch den Iran und die Türkei nach England fort. Dabei verbrachte er längere Zeiten an unterschiedlichen Orten im islamischen Raum (Shiraz, Tabriz). 1812 starb er in Tokat in der Osttürkei.

Trotz seines kurzen Lebens hinterließ Martyn ein bleibendes Beispiel der Mission unter den Muslimen, die im Gegensatz zu den katholischen Missionsbemühungen, z. B. den Jesuiten, nicht bei den Herrschern ansetzte, sondern den Kontakt zu den einfachen Muslimen suchte. Dabei griff er den Islam nie an, sondern suchte stets, das Positive in dieser Religion zum Anlass des Gesprächs zu nehmen, ganz im Unterschied zu den nachfolgenden Generationen der protestantischen Muslimmissionare.

Van der Werff zeichnet die Geschichte der protestantischen Missionen zu den Muslimen im 19. Jahrhundert nach, indem er zwei grundsätzliche Richtungen der Mission herauskristallisiert. Er macht diese Richtungen an den beiden herausragenden Missionspersönlichkeiten dieser Zeit fest, die, seiner Ansicht nach, jeweils für das anglikanische bzw. das reformierte Konzept der Mission stehen. Gemeint sind der Engländer Temple Gairdner (1873–1928), der hauptsächlich mit der Anglican Church Missionary Society in Ägypten arbeitete, und der Amerikaner Samuel Zwemer (1867–1952), der Gründer der arabischen Mission der Reformierten Kirche von Amerika. Zwemer arbeitete im Kernland des Islam. Beide sahen im Islam eine große missionarische Herausforderung, beide betonten das Erlernen der arabischen Sprache als Bedingung zur Mission unter den Muslimen, doch ihre Ansätze unterschieden sich wesentlich voneinander. Gairdner sah viel Gutes im Islam, besonders im Sufismus und dessen Schriften. In seinen Augen war der Islam eine Art Vorbereiter des Christentums. Zwemer dagegen konnte dem Islam als System nichts Gutes abgewinnen. Für ihn durfte es zwischen dem Christentum und dem Islam keine Kompromisse geben. Die Aufgabe der Mission erblickte er vor allem in der konsequenten Predigt des Evangeliums an die Muslime. Während Gairdner bereit war, die beiden Religionen nebeneinander stehen zu lassen, lehnte Zwemer jede religiöse Existenzberechtigung für den Islam ab. Während der

Erste eine gewisse Kontinuität zwischen den beiden Religionen betonte, lehnte der Zweite eine solche radikal ab. Gairdners bekanntestes Buch *The Reproach of Islam* bemüht sich um ein Verständnis für die Entstehung und die Existenz des Islam auf dem Hintergrund des Versagens und der Fehler der Kirche in der Vergangenheit. Hier ist der Autor zutiefst bemüht, die religiöse Suche der Muslime zu verstehen und zu würdigen. Zwemers Büchertitel dagegen muten etwas triumphalistisch an. *The Disintegration of Islam* oder *The Cross above the Crescent* sind deutliche Beispiele einer geistlichen Überlegenheit, die wohl am besten im Titel des Buches von W. A. Rice, einem Missionar der Church Missionary Society im Iran, zum Ausdruck kommt. Rice nennt sein Buch: *Crusaders of the Twentieth Century, or the Christian Mission and the Muslim.*

7.6. Mission im Zeitalter des Kolonialismus

Die missionarische Expansion des Christentums im 19. Jahrhundert ist auch eine Frucht des europäischen Kolonialismus. Die neuen christlichen Machthaber erleichterten die Arbeit der Missionare enorm. Nicht selten, so z. B. im Falle des Russischen Imperiums, wurde die Kirche beauftragt, die politisch unterjochte Bevölkerung zu christianisieren. Zum Christentum konvertierte Menschen erhielten allerlei Privilegien, ihnen eröffneten sich Karrierechancen im Staat. Die Treue zum Islam galt dagegen als entscheidende Bremse in Fragen der gesellschaftlichen Position und des Wohlstands.

In diesem Zusammenhang erscheint mir wichtig, wie sich die Muslime mit der christlichen Mission in der kolonialen Zeit auseinandersetzen. Die Stimmen hier sind durchaus negativ. Als Beispiel hierfür kann das Buch der beiden libanesischen Autoren Mustafa Khalidi und Umar Farruckh mit dem arabischen Titel *Mission und Imperialismus in der Arabischen Welt*, publiziert in Beirut im Jahre 1952/3, dienen.[105] Die Autoren werten sowohl Abschlussdokumente verschiedener Missionskonferenzen als auch Veröffentlichungen christlicher Autoren aus, wie die des Samuel

105 Siehe dazu die Ausführungen von Sharkey 2004:98-102.

Zwemer, und kommen zu dem Schluss, dass christliche Mission in der Tat eng mit dem europäischen Imperialismus kooperiert hat und nicht selten von diesem erst möglich gemacht wurde.

Eine scharfe Aburteilung der christlichen Mission hat in jüngerer Zeit Ayatollah Khomeini vorgenommen. Sein sogenanntes *Kleines Grünes Buch* sagt unter anderem:

> „Westliche Missionare, die geheime Pläne ausführen, die vor Jahrhunderten entworfen wurden, haben auf eigene Initiative hin religiöse Schulen in muslimischen Ländern geschaffen … Diese Missionare haben unsere Dörfer und unsere Landgegenden infiltriert, um unsere Kinder zu Christen oder zu Atheisten zu machen … Die Missionare, als Agenten des Imperialismus, sind auch eifrig dabei, in der ganzen muslimischen Welt unsere Jugend zu pervertieren – nicht um sie zu ihrer eigenen Religion zu konvertieren, sondern indem sie sie korrumpieren … Propagandazentren sind errichtet worden mit dem einzigen Ziel, die Gläubigen von den Geboten des Islam wegzulocken. Ist es nicht unsere Pflicht, alle diese Quellen der Gefahr für den Islam zu zerstören?“[106]

Die islamische Forschung in dieser Hinsicht beeindruckt und scheint die bereits tief verwurzelte Skepsis der Muslime im Bezug auf die christliche Mission weiterzunähren.[107]

106 Zit. nach: Hunt:106-107.

107 Siehe z. B. die in Englisch veröffentlichten Arbeiten des palästinensischen Muslims A. L. Tibawi. In seinen zwei Büchern *British Interests in Palestine, 1800–1901, und American Interests in Syria, 1800–1901* hat er ein überzeugendes Bild der komplizierten Verwobenheit von missionarischen, kirchlichen, diplomatischen, erzieherischen, literarischen, archäologischen und anderen Interessen in zwei benachbarten, jedoch recht verschiedenen Teilen der arabischen Welt gezeichnet.

7.7. Die Folgen

Die Folgen der kolonialen Zeit der christlichen Mission sind schwerwiegend. Auf der christlichen Seite hat man bis heute mit einer Art Superiorität in der Einstellung der Missionare zum Islam zu kämpfen. Da, wo Muslime mit dem Evangelium angesprochen werden, geschieht das in der Regel im Geist einer kolonialistischen Mentalität, die jeden Versuch der Kontextualisierung außer Acht lässt.

Erst mit dem Erscheinen der Werke von Donald McGavran[108] breitet sich in der westlichen Christenheit die Erkenntnis aus, dass Mission nur da erfolgreich vonstatten geht, wo man kulturrelevant vorgeht. Er verlangt gar eine bewusste Konzentration des Gemeindebaus auf die jeweilige kulturell und sozial distinkte Gruppe. Das daraus abgeleitete Prinzip der homogenen Einheit (PHE) sorgte schon während seines Lebens und auch danach für eine Flut von kritischer Literatur.[109] Bei der positiven Bejahung der Forderung nach Evangelisation und Gemeindebau, die sich an kulturrelevanten Prinzipien orientiert, ist die Fixierung auf bestimmte Elemente der Gemeindewachstumsbewegung eher problematisch für die Anwendung im Kontext des Islam, wie Shenk deutlich macht.[110] Doch abgesehen von dieser sicherlich falschen Konzentration auf das PHE ist die nunmehr allerorts spürbare Bereitschaft zur Kontextualisierung bemerkenswert und richtig.

Auf der islamischen Seite sind die Folgen jedoch noch gravierender. Der Vorwurf an die christliche Gemeinde, mit der Mission politische Dominanz anzustreben und Imperialismus zu fördern, sitzt tief. Konversion zum Christentum wird nun automatisch mit einem politischen und völkischen Verrat verbunden und mit dem Ausstoß aus der Sippe und Gesellschaft quittiert. Die eigenen christlichen Minoritäten werden als problematischer Brückenkopf des westlichen Imperialismus gesehen, und zwar auch da, wo sich diese Christen ausgesprochen nationalistisch verhielten.[111] Evangelisation unter Muslimen ist somit enorm erschwert.

---

108 In Deutsch McGavran 1990.

109 Siehe z. B.: Padilla 1983:285-203.

110 Shenk 1983:144ff.

111 So z. B. in den arabischen Ländern. Siehe Gragg 1989:26-27.

Zu den politischen Vorbehalten kommen taktische Hindernisse. Greg Livingstone nennt Gründe für die Unfähigkeit der christlichen Missionare, Muslime mit dem Evangelium zu erreichen.[112] Nach Livingstone ist das an erster Stelle das lineare Denken der westlichen Missionare, die sich Evangelisation und Gemeindeaufbau in einer festen Abfolge von Ereignissen denken.[113] Dieser Prozess setzt bei der Bekehrung des Einzelnen an und läuft dann über den Aufbau einer gemeinschaftlichen Basiszelle bis zum Aufbau von festen Gemeindestrukturen. Oft steht der westliche Missionar dabei unter einem enormen Erfolgsdruck. Die Theorien der Gemeindewachstumsbewegung haben eine Erwartung an schnelles Wachstum hochgezüchtet, das kaum zu überbieten ist. Der Spender, der den Missionar unterstützt, will Ergebnisse sehen. Aber der Islam erweist sich als „an embarrassment to theologies of rapid growth“[114]. Diese sind in der Regel stark vom Individualismus des Westens und seiner prinzipiellen Trennung des Sakralen vom Profanen geprägt.

Doch der islamische Osten denkt in der Regel nicht linear, sondern zyklisch. Und der Islam denkt nicht dualistisch. Sein Bekenntnis zu *tauhid*, der prinzipiellen Einheit in Gott, ist fundamental und schließt alle Bereiche des Lebens ein. Hier liegt auch die Vorstellung von der *umma* begründet, der Gemeinschaft der Glaubenden, die nur ganzheitlich gedacht werden kann.[115] Die *Umma* zu spalten ist *shirk*, eine kardinale Sünde. Shenk zitiert in diesem Zusammenhang den syrischen Christen Haleblian: „Eines der wichtigsten Prinzipien, die wert sind bedacht zu werden, ist die Liebe der Muslime für Einheit und Gemeinsamkeit.“[116]

Der Weg zum Ziel der Evangelisation und des Gemeindeaufbaus mag zeitlich länger dauern und ist nur gesellschaftsintegriert effektiv. Das Ergebnis muss aber letztendlich dem westlichen nicht nachstehen. Übrigens entdeckt man in der Postmoderne gerade

112 Livingstone 1996:12-14.
113 Ebd.:12.
114 Shenk 1983:145.
115 Ebd.:146ff.
116 Ebd.:149.

die Zyklik der Prozesse als die weithin gepriesene Innovation und die extern-fokussierte Gemeindearbeit als die alles entscheidende Überwindung überkommener Konzepte.[117]

Kenneth Gragg verweist darauf, dass Evangelisation und Gemeindebau unter Muslimen dadurch erschwert wird, dass der Großteil der Muslime eine grundsätzliche Abneigung gegen die aus dem Christentum abgeleitete Weltanschauung hat. Dazu kommt die Tatsache, dass die meisten islamischen Gesellschaften scham-orientierte Kulturen darstellen, die jede Handlung, die der allgemeinen Gemeinschaft zuwiderläuft, scharf verurteilen und somit dem Ausbrecher jede Existenzberechtigung nehmen.[118] Und schließlich verweist Hiebert zu Recht auf die viel zu starke Fixierung der christlichen Mission auf orthodox-islamische Vorstellungen, so als gäbe es so etwas wie einen einheitlichen Islam.[119] Dabei folgen die islamischen Gesellschaften selten orthodoxen Vorstellungen. Sie orientieren sich eher an einer Art „mixture of Muslim and animistic practices for answers to everyday problems".[120] In der Literatur spricht man an dieser Stelle vom Volksislam.[121] Hiebert vergleicht die Beziehung zwischen dem orthodoxen Islam und dem Volksislam mit der Stadt. Ein Bild, das er dem Anthropologen Clifford Geertz entliehen hat. Geertz charakterisierte damit das Wesen der Kultur. Dabei stellt der Volksislam die Innenstadt mit ihrer Multikulturalität und Heterogenität und recht hohen Mobilität dar und der Orthodoxe Islam die homogene Vorstadt. Der Formale, Orthodoxe Islam ist organisiert, sowohl philosophisch als auch sozial, der Volksislam dagegen funktioniert *ad hoc*. Traditionen werden hier von Mund zu Mund weitergegeben und die Praktiken sind inoffiziell. Während sich der Erste mit den großen Fragen wie Gott, Universum, Transzendenz etc. beschäftigt, geht es im Volksislam eher um den Alltag. In volksislamischen Kulturen regelt nicht die

117 Hirsh 2003; Rusaw 2003; Murray 2004, u. a.

118 Gragg 1996:14.

119 Hiebert 1990:45.

120 Ebd.

121 Ebd.:45ff.

islamische Orthodoxie das soziale Miteinander, sondern zum Teil vorislamische Vorstellungen.[122]

Christliche Mission im volksislamischen Kontext, die die religiöse Doppelbödigkeit übersieht und sich mit orthodoxen islamischen Inhalten beschäftigt, ist in mehrfacher Hinsicht zum Scheitern verurteilt. Zum einen arbeitet sie am wirklichen Leben der Menschen vorbei und beantwortet eher philosophische Fragen, die mit dem Alltag der Menschen nur wenig zu tun haben. Somit hat sie den Menschen alles andere als eine Gute Nachricht zu bieten. Zum anderen verkennt sie die sozialen Strukturen in der Gesellschaft. Eine Vertrauensbasis kann so kaum aufgebaut werden. Die von Mayers postulierte Frage nach dem Basisvertrauen (Question of Prior Trust, QPT)[123] ist nicht beantwortet. Und wie sollte sich die Mission Gehör verschaffen, wenn sie nichts wirklich Relevantes anspricht.

122 Hiebert 1990:47.
123 Siehe Reimer 2015.

Kapitel 8:

Evangelisation unter Muslimen

8.1. Evangelisation im klassischen Sinn

Wie wird heute unter Muslimen evangelisiert? Immer wieder werden in islamischen Ländern Großevangelisationen klassischer Art durchgeführt, zum Teil unter erheblichen Risiken.[124] Auch im Westen bemühen sich viele Christen redlich, Traktate unter Muslimen zu verteilen und sie mit dem Evangelium direkt zu konfrontieren. Was bewirken solche Aktionen? Kommen Muslime so zum Glauben? Ist konfrontative Evangelisation ein probates Mittel zum kritischen Durchbruch in den Ländern, die vom Islam kontrolliert werden? Oder bleiben wir da stehen, wo schon Raimundus Lullus vor Jahrhunderten landete? Er starb den Märtyrertod und Nordafrika blieb islamisch.

Traditionelle evangelistische Methoden, wie beispielsweise das Verteilen von Traktaten auf der Straße, kann gegebenenfalls sogar zu Gewalt und Mord an den Evangelisten führen. Ein weltweit bekannt gewordenes Beispiel hierfür ist die Ermordung einer jungen nigerianischen Christin im Bundesstaat Niger in Nigeria im Juni 2006, die versuchte, auf offener Straße Traktate zu verteilen.[125] Viele von uns, die das in islamischen Ländern versucht haben, sind in Gefängnissen gelandet und dann außer Landes gewiesen worden. Gebracht hat die Methode in der Regel wenig.

---

124 Siehe als Beispiel den Bericht vom deutschen Evangelisten Andreas Hübner. In: http://www.andreashuebner.org/de/content/view/50/ (18.06.2006); http://www.andreashuebner.org/de/content/view/46/ (18.06.2006).

125 Siehe Bericht im Factum: http://www.factum-magazin.ch/wFactum_de/aktuell/2006_07_07_Christin_gesteinigt.php. (18.06.2006).

8.2. Evangelisation in Zeiten der Erweckung

Nirgendwo sonst sind in so kurzer Zeit so viele Muslime zum Glauben an Jesus gekommen wie auf West-Java in Indonesien. Zwischen 1965 und 1971 waren es mehr als zwei Millionen Menschen.[126] Was ist hier passiert? Wie haben Christen die Muslime zum Glauben gerufen? Was ist das Geheimnis indonesischer Erweckung?

Die Analyse dieser Erweckung zeigt deutlich, dass äußere und innere Bedingungen dazu beigetragen haben. Da ist der Bürgerkrieg auf Java, ausgelöst durch den gescheiterten Umsturzversuch der Kommunisten am 30. September 1965 und die schier unglaubliche Brutalität, mit der die Muslime die Kommunisten verfolgten. Die Christen, die sich aus dem Konflikt weitgehend herausgehalten haben, wurden so zu jener friedvollen Insel, auf der nun Hunderttausende Zuflucht suchten und diese auch fanden.[127] Auf Java bestanden seit Jahren christliche Gemeinden, die sich recht gut in die Kultur der Bewohner dort integriert hatten. Das wird es den Muslimen wesentlich erleichtert haben, Christen zu werden. Mit dem Religionswechsel war also kein Kulturwechsel nötig. Leider hat man diese bekehrungswilligen Muslime in den traditionell geprägten Gemeinden klassisch individualistisch behandelt und statt ganze Dorf-Verbände einzuladen, zum christlichen Glauben zu wechseln, jeden einzelnen Konvertiten extra behandelt. Das war bei der Masse der Bekehrungswilligen nicht nur langwierig, sondern, wie man im Nachhinein sagen muss, auch falsch. Gott hat sich hier selbst einen Weg gebahnt. Überall im Land entstanden nun neue Gemeinden, die sich an den üblichen Gemeindenormen und -formen vorbei bildeten. Das größte Wachstum erlebten diese neuen Gemeinden.[128]

Willis stellt in seiner Analyse der Bewegung drei wichtige Prinzipien dieser Erweckung fest.[129] Zum einen ist es die hohe Akzep-

126 Zu der Geschichte der indonesischen Erweckung, ihrer detaillierten Analyse und Schlussfolgerungen für die Muslim-Evangelisation siehe die Dissertation von Avery T. Willis (1977).

127 Livingstone 1996:64.

128 Livingstone 1996:65.

129 Willis 1977.

tanz der Konversion zum Christentum in den islamischen Familien. 84 % der von Willis befragten gaben an, dass ihre Familien mit ihrer Entscheidung einverstanden gewesen sind. Offensichtlich hatte sich lange vor der Erweckung ein gewisses Grundvertrauen der islamischen Bevölkerung der christlichen Gemeinde gegenüber etabliert. Jedenfalls befürchteten die Muslime nicht, ihre Familienglieder durch die Bekehrung zum Christentum verlieren zu können.

Zum Zweiten gaben 86 % an, dass sie vor ihrer Bekehrung ein gutes Verhältnis zu Christen unterhielten. Sie hatten also unter Christen Bezugspersonen gefunden und schienen durch die Attraktivität ihres Lebens angezogen zu sein.

Und schließlich fanden zwei Drittel der Neubekehrten infolge von Massenbewegungen unter den Muslimen, die in der Regel von Dorfältesten ausgelöst worden waren, zum Glauben. Das erklärt auch den hohen Anteil der Landbevölkerung in den Reihen der Konvertiten. Hier kamen Autoritäten zum Glauben, denen der einfache Muslim sein Vertrauen schenkte und deshalb bereit war zu konvertieren.

Am Beispiel der indonesischen Erweckung wird klar, wie wichtig das Vertrauen bei der Evangelisation der Muslime ist. Fehlt es, gelingt die Evangelisation nur in Einzelfällen, während die Masse der Muslime sich eher abschottet und gegen den neuen Glauben kämpft. Ist aber Basisvertrauen zu den Christen vorhanden, eröffnen sich ihnen ungeahnte Chancen für Evangelisation.

8.3. Evangelisation im Kontext

Evangelisation der Muslime holt die Muslime in ihrem Lebenskontext ab. Was auf Java geschah, ließ sich bis heute in keinem anderen islamischen Land der Welt wiederholen. Die indonesische Erweckung trägt typische Züge des Kontextes, in dem sie geschah. Aus diesen und ähnlichen Beobachtungen ergibt sich die Forderung nach einer kontextsensitiven Evangelisation unter den Muslimen. Im Bericht von der Lausanner Konsultation für Evangelisation unter Muslimen in Pattaya 1980 (LOP 13) wird erkannt, dass die Evangelisation der Muslime unbedingt den Kontext beachten muss, in dem die Muslime leben. Dieser Kontext ist zum einen gekennzeichnet durch allgemeine Setzungen, die für alle islamischen Gesellschaften typisch sind, zum anderen aber durch die spezifische lokale Situation.

So fußen alle islamischen Gesellschaften auf einer Weltanschauung, der nicht das griechisch-römische, sondern eher das hebräisch-arabische Denken zugrunde liegt.[130] Die westliche Theologie und in ihrem Gefolge auch die Missiologie sind aber ein Kind des griechischen Geistes. Es wird entscheidend darauf ankommen, ob es der christlichen Mission gelingt, sich aus dem Korsett dieses Denkens zu befreien und dahin zurückzukehren, wo sie einmal geboren wurde, nämlich in den Osten, nach Asien, ins hebräische Denken.[131] Die islamische Kultur ist kollektivistisch und schamorientiert. Nicht persönliche Schuld, sondern die Verletzung der Ehre der Familie und Sippe stehen im Mittelpunkt. Die an der Schuld des Einzelnen orientierte Verkündigung des Evangeliums vermag nicht zu überzeugen. Evangelisation nach dem Schema „Sünde benannt – Sünde erkannt – Vergebung erfahren" greift zu kurz. Man wird viel stärker das Leben als Ganzes berücksichtigen müssen, wenn man bei den Muslimen Gehör finden will.

Aber genauso wichtig wie der gesamtislamische Blick ist die Berücksichtigung lokaler Faktoren. Das Haus des Islam beherbergt heute viele und recht unterschiedliche Überzeugungen. Gerade im Bereich des Volksislam darf man sich nicht an den klassischen Lehren des Korans orientieren, sondern man muss die in die lokale Spiritualität übernommenen vorislamischen Grundüberzeugungen verstehen und berücksichtigen.

---

130 Chapman 1990:108.

131 Siehe dazu den Aufruf in LOP 13:13-16.

8.4. Evangelisation auf gemeinsamem Boden

Der Islam ist eine monotheistische Religion. Man staunt nicht schlecht, wie viel Wahrheit – biblische Wahrheit – im Koran und der islamischen Tradition enthalten ist. Samuel Zwemers Forderung, die Muslime zu der Erkenntnis der Wahrheit zu führen, indem wir uns auf all die Wahrheit einlassen, über die sie bereits verfügen, ist an dieser Stelle dringend zu wiederholen.[132] Wer das evangelistische Gespräch mit der Feststellung gemeinsamer Überzeugungen beginnt, baut Ängste, Vorurteile, Bedenken ab. So kann Vertrauen entstehen. Allein die konsequente Übernahme der im Islam üblichen Aussprache biblischer Namen wie Ibrahim für Abraham, Musa für Moses und Isa für Jesus, bringt in das Gespräch einen harmonischen Grundton. Dabei sind das bei Weitem nicht die einzigen Gemeinsamkeiten, die für ein Glaubensgespräch fruchtbar gemacht werden können. Kenneth Gragg mahnte an dieser Stelle mit Recht an, dass wir eine „sensitive muslimische Einführung in das Neue Testament" brauchen.[133] Christen, die sich den Muslimen missionarisch zu nähern versuchen, tun gut daran, das Neue Testament „mit den Augen der Muslime" zu lesen.[134]

Christen und Muslime teilen sich so etwas wie einen gemeinsamen religiösen Grundboden. Diesen zu verstehen und als Einstieg in das evangelistische Gespräch zu nutzen ist enorm wichtig. Mehrere Themen eignen sich hierfür.

8.4.1. Die Frage nach Gott

Evangelisation führt den Menschen zu Gott. Damit sie gelingen kann, muss der Betroffene verstehen, wer Gott ist. Ohne ein entsprechendes Gottesverständnis kann man nicht zum erwarteten Ergebnis kommen. Muslime glauben an Gott. Sie nennen ihn Allah, wie wir oben gesehen haben. Inwieweit kann man in der Evangelisation auf dieses islamische Gottesverständnis zurückgrei-

132 Zwemer 1912:8. Siehe dazu auch Gragg 1995; Werff 1977; Werff 1990.

133 Gragg 1985:xiv f.

134 Siehe eine ähnliche Forderung im LOP 13,11.

fen? Ist Allah der Gott der Bibel? Kann der koranische Gottesbegriff als solcher übernommen werden? Darf ein Missionar, ähnlich wie Paulus in Athen es mit dem unbekannten Gott der Athener getan hat (Apg.17), in Allah den Gott der Bibel identifizieren, einen Gott, von dem die Muslime zwar viel wissen, den sie verehren, den sie jedoch persönlich nicht kennen? Und sollte sich das als schwierig erweisen, gibt es im Islam Spuren rechter Gotteslehre?

Chapman benutzt gerade diese berühmte Stelle aus Apostelgeschichte 17, um auf die eindeutige Parallelität zum Koran zu verweisen.[135]

DAS NT	DER QUR'AN
Apg. 17,24: „Der Gott, der die Welt gemacht hat und alles, was darin ist, er, der Herr des Himmels und der Erde, wohnt nicht in Tempeln, die mit Händen gemacht sind.“	Sure 2,107: „Weißt du nicht, dass Allahs ist die Herrschaft der Himmel und der Erde und dass ihr außer Allah keinen Schützer noch Helfer habt?“
17,25: „... da er selbst allen Leben und Odem und alles gibt.“	Sure 30,50: „Drum schau auf die Spuren der Barmherzigkeit Allahs, wie er die Erde nach ihrem Tode lebendig macht; siehe, das ist wahrlich der Lebendigmacher der Toten, und er hat Macht über alle Dinge.“

135 Chapman 1990:114-115.

17,26a: „Und er hat aus einem jede Nation der Menschen gemacht …“	Sure 4,1: „O ihr Menschen, fürchtet euern Herrn, der euch erschaffen aus einem Wesen und aus ihm erschuf seine Gattin und aus ihnen viele Männer und Weiber entstehen ließ. Und fürchtet Allah und eurer Mutter Schoß. Siehe, Allah wacht über euch.“
17,27a: „… dass sie Gott suchen, ob sie ihn vielleicht tastend fühlen und finden möchten …“	Sure 13,2: „Allah ist's, der die Himmel erhöht hat ohne Säulen, die ihr seht; alsdann setzte er sich auf den Thron und zwang zum Frondienst Sonne und Mond. Alles eilt zu einem bestimmten Termin. Er lenkt alle Dinge; er macht die Zeichen klar. Vielleicht glaubt ihr an die Begegnung mit eurem Herrn.“
17,27b: „obwohl er ja nicht fern ist von jedem von uns.“	Sure 50,16: „Und wahrlich, wir erschufen den Menschen, und wir wissen, was ihm seine Seele einflüstert, denn wir sind ihm näher als die Halsader.“
17,29: „Da wir nun Gottes Geschlecht sind, sollen wir nicht meinen, dass das Göttliche dem Gold und Silber oder Stein, einem Gebilde der Kunst oder Erfindung des Menschen gleich sei.“	Sure 4,116: „Siehe, Allah vergibt es nicht, dass ihm Götter zur Seite gesetzt werden, doch vergibt er alles außer diesem, wem er will. Wer Allah Götter zur Seite setzt, der ist weit abgeirrt.“

17,30a: „Nachdem nun Gott die Zeiten der Unwissenheit übersehen hat …“	Sure 5,50: „Wünschen sie etwa die Rechtsprechung der (Zeit der) Unwissenheit: Wer aber richtet besser als Allah für verständige Leute?“
17,30b-31: „… gebietet er jetzt den Menschen, dass sie alle überall Buße tun sollen, weil er einen Tag festgesetzt hat, an dem er den Erdkreis richten wird …“	Sure 51,5-6: „Siehe, was euch angedroht wird, ist gewisslich wahr, und siehe, das Gericht trifft gewisslich ein!“ Sure 79,42-45: „Sie werden dich nach der ‚Stunde‘ fragen, wann ihr Termin ist. Was weißt du von ihr zu sagen! Bei Allah steht ihr Ende. Du bist nur ein Warner für den, der sie fürchtet.“

Die Parallelen zwischen dem paulinischen und koranischen Gottesbegriff sind überdeutlich. Die Genese des koranischen Gottesbildes hat offensichtlich biblische und sogar neutestamentliche Wurzeln, folgern die einen.[136] Christen wie Muslime glauben an den einen Gott (Deut. 6,4), der die Welt geschaffen hat und der über diese Welt herrscht. Sie glauben daran, dass er die Welt richten wird, aber auch dass er lieben und vergeben kann.

Andere Kenner des Korans warnen dagegen. Im Unterschied zum Christentum glauben die Muslime nicht an Gott, der sich den Menschen persönlich offenbart, und er liebt und vergibt auch nicht allen. Und dann irritiert sie die heidnische Herkunft Allahs als Hochgott der Araber in Mekka. Die Araber verehrten Allah als ihren Götzen, lange bevor Muhammad ihn mit dem Schöpfergott der Juden und der Christen identifizierte.

Auf der anderen Seite ist der Gebrauch des Namens Allah auch unter den arabischen und aramäischen Christen lange vor Muhammad nachgewiesen. Und wir finden ihn bis heute in der arabischen Bibelübersetzung und in anderen wieder. Und schließlich

136 Siehe hierzu Chapman 1990:116-117; Andrae 1936:90-92.

ist die Übernahme von Gottesbezeichnungen im Kontextualisierungsprozess der biblischen Offenbarung in andere Sprachen gängige Praxis. Man denke da an den germanischen Gott, den russischen Bog oder den persischen Chudo. In allen diesen Sprachen wird heute nicht JAHWE als Gottesname, sondern eine aus der lokalen Götterwelt übernommene Bezeichnung gebraucht. Eine sprachliche Identifikation des Namens Allah mit Jahwe muss nicht von vornherein problematisch sein, auch wenn sie potenzielle Gefahren birgt.[137]

Wie dem auch sei, wir finden im Gottesbegriff des Korans einen gemeinsamen theologischen Grund. Wie weit der Einzelne mit der Identifikation des islamischen Gottes mit dem Gott der Bibel geht, mag entscheidend sein. Für einen Anknüpfungspunkt zum evangelistischen Gespräch reichen die Parallelen auf jeden Fall. Das Wissen des Muslims über den einen Gott, der den Himmel und die Erde gemacht hat und der vom Menschen Rechenschaft für sein Leben erwartet, macht ihn zum aufgeschlossenen Gesprächspartner. Bei der Umsetzung eines solchen evangelistischen Gesprächs ist jedoch gründliche biblische und koranische Kenntnis vonnöten.[138] Man kann bei Weitem nicht alles, was der Islam von Gott behauptet, übernehmen. Vorsicht ist also geboten. Eine allzu naive Identifikation Gottes mit Allah kann der Irrlehre Tor und Tür öffnen.

Neben dem Gottesbegriff selbst ist auch der Name Gottes von Bedeutung. Namen hatten in der antiken Welt ein weit größeres Gewicht und Bedeutung, als das heute der Fall ist. Gott wird im Koran Allah genannt. Mehr als 2.500-mal taucht dieser Name im Koran auf. Andere heilige Namen werden noch einmal 10.000-mal gebraucht.[139] Es ist also enorm wichtig, dass Gott richtig identifiziert wird, eine Frage, die auch im Alten Testament nicht ohne zentrale Bedeutung ist.[140] Die Kenntnis des Namens Gottes

137 Dass so etwas auch sehr problematisch sein kann, zeigt die Übersetzung des Namens Gottes ins Japanische. Siehe an dieser Stelle Heißwolf.

138 Chapman 1990:122-124.

139 Vander Werff 1990:184.

140 Siehe zum Beispiel Gen. 14,22; 16,13; 17,1; Ex. 3,1-4.17; 5,22-6.8.

ist essenziell wichtig, wenn es um die persönliche Beziehung zu ihm geht (so Ex. 33,12.18-19). Gott handelt „um seines Namens willen" (2Sam. 7,23; Hes. 20,9; 14,22.44; u. a.).

Die sprachliche Identifikation Allahs mit dem Gott der Bibel nimmt die Furcht weg, diesen Namen in direkter Ansprache auch in christlichen Gottesdiensten zu gebrauchen. Wenn Muslime Christen erleben, die zu Allah beten, fällt eine wesentliche Schranke in ihrer Beziehung zueinander und damit auch ein Hindernis auf dem Weg zur Evangelisation weg. Natürlich befreit uns eine solche sprachliche Identifikation nicht von der Pflicht, den islamischen Gottesbegriff biblisch zu korrigieren, sobald unser Gegenüber dazu bereit ist. Denn Allah ist theologisch gesehen NICHT der Gott der Bibel, sondern deckt nur einige für die Evangelisation wesentliche Seiten Gottes ab.

8.4.2. Die Frage nach dem Propheten

Gott offenbart den Menschen seinen Willen, indem er ihnen seine Propheten und Apostel sendet. Das ist eine fundamentale Aussage des Islam. Wer sich den Muslimen nähern will, wird sich ihrem Verständnis von Prophetie und Apostelamt nähern müssen. Man hat vorgeschlagen, mit Muslimen über Jesus als dem Propheten Gottes zu reden und damit das Ärgernis der Muslime über den Sohn Gottes zu nehmen.[141] Es empfiehlt sich jedoch, das koranische und biblische Prophetenbild genau zu untersuchen, um die Problematik zu erfassen, wie es Chapman vorgeschlagen hat.[142]

Wie steht Gott zu seinen Gesandten im Islam? Wer sind diese? Und welche Rolle kommt ihnen im Islam zu? Gibt es eventuell Parallelen zum biblischen Denken? Und wie kann eine solche Fragestellung für den missionarischen Dialog fruchtbar gemacht werden?

B. D. Kateregga nennt sieben wichtige Positionen im Bezug auf die islamische Vorstellung vom Propheten und Apostel (Rasul) Allahs.[143]

141 So Chapman 1990:110f.

142 Chapman 1990a:127ff.

143 Kateregga 1980. Übersetzung von mir. Siehe die Diskussion dieser Positionen bei Chapman 1990a:128-129.

1. Ein Botschafter/Gesandter (Rasul) ist geschickt mit einer Heiligen Schrift, um die Menschen zu führen und zu reformieren. Die vier wichtigsten Gesandten Gottes sind: Mose, David, Jesus und Muhammad.
   Ein Prophet (nabi) ist gesandt mit einer Botschaft von Gott, aber er hat von Gott kein Buch bekommen, wie es bei den Gesandten der Fall ist. Während alle Gesandten Propheten sind, sind nicht alle Propheten Gesandte.
2. Beide, die Gesandten und die Propheten, erhalten ihre Botschaft von Gott durch eine Offenbarung (wahy) zur Führung einer Gruppe von Menschen oder einer Nation. Die Botschaft, die sie gebracht haben, ist essenziell immer die gleiche: die des Islam. Nahezu jede Nation hat ihre Propheten gehabt. Der Koran erwähnt 25 solcher Propheten (Sure 16,36; 2,136) und die islamische Tradition 124.000.
3. Alle Propheten Gottes waren vertrauenswürdig, aufmerksam und gehorsam Gott gegenüber. Sie waren die besten Beispiele moralischen Lebens. Sie waren Menschen, jedoch von Gott vor schwerer Sünde und schlimmer Krankheit bewahrt. Sie hinterließen ein gutes Beispiel, obwohl sie nach der orthodoxen Lehre des Islam auch nicht ohne Sünde waren.
4. Wir müssen die Propheten und Gesandten Gottes annehmen und akzeptieren. Die Ablehnung eines von ihnen ist Unglaube (Sure 4,150-151). Einige Propheten waren mit einer größeren Aufgabe von Gott betraut (so z. B. Mose oder Jesus – Sure 2,253), aber es ist eine Sünde, sie übereinander zu stellen.
5. Viele Propheten erfuhren Verfolgung und Ablehnung (Sure 15,11; 17,94). Aber sie blieben in der Gnade Gottes bewahrt, z. B. Noah (Sure 21,76; 26,118; u. a.) oder Mose (Sure 28,20-22; 26,65).
6. Einige der Propheten wurden gar umgebracht, so Abel, Zecharias und Yania (Sure 2,61.87.91; 3,21.112; 4,155.183; 5,70). Aber die sie umbrachten, wurden später von Gott bestraft (Sure 2,61; 3,21).

7. Muhammad ist „der Siegel der Propheten“ (Sure 33,40). Er bekam den Auftrag, von den Geschichten der anderen Propheten zu berichten, um die ungläubigen Menschen zu warnen (Sure 46,30-34) und zu ermutigen, angesichts des Widerstands gegen ihn auszuhalten (Sure 46,35).

Katereggas Ausführungen machen deutlich, dass ein naiver Gebrauch der Begrifflichkeit des Korans auf jeden Fall problematisch ist. Man wird sicher im Anfangsstadium des Gesprächs solche Begriffe nutzen können, muss sie aber bald von der Bibel her qualifizieren und sich somit von der koranischen und islamischen Engführung gerade in Bezug auf Jesus und Muhammad lösen. Dabei ist eine genaue Kenntnis sowohl der biblischen als auch der koranischen Begriffsdefinition unbedingt angesagt.

8.4.3. Die Frage nach dem Wort Gottes

Eine der erstaunlichsten Aussagen des Korans ist der Hinweis darauf, dass Jesus durch das Wort und den Geist Gottes gezeugt wurde (Sure 4,171; 3,45-48). Die Muslim-Interpretation dieser Stelle geht so weit, dass sie in Jesus eine Schöpfung Gottes durch sein Wort sieht. Jesus ist nicht das Wort, wie es im Johannes-Prolog (Joh.1,1) deutlich wird. Und doch ist er Gottes *creatura verbi*,[144] die nun kraft des Wortes auch im Koran zu schaffen vermag. So berichtet Sure 3,49, wie Jesus aus Erde einen lebendigen Vogel schuf. Sein Wort ist es, das Heilung dem Aussätzigen (Sure 3,49),[145] Augenlicht dem blinden Bartimäus (Sure 3,49)[146] und die Auferweckung des Toten bewirkt (Sure 3,49).[147]

Vieles davon ist genau so oder ähnlich auch im Neuen Testament berichtet und bietet somit eine gute Grundlage für das Gespräch mit Muslimen über Gottes Wort, seine Wirkung und das Lebenswerk Jesu als Messias. Dabei sollte man das Gespräch nicht

144 Latein = Schöpfung aus dem Wort.
145 Vgl. Mk. 1,21-25.
146 Vgl. Mk. 10,46-52.
147 Vgl. Mk. 5,21-43.

gleich mit dem Hinweis auf die Gottessohnschaft Jesu beenden. Der Koran enthält neben wahren auch sehr viele falsche Aussagen über Gottes Wort und Jesus. Diese zu ergründen ist wichtig, aber das sollte man zur rechten Zeit tun. Erst wenn der Muslim die Tatsache begreift, dass Gott sich Jesus nicht nur offenbart hat, denn das hat er seiner Meinung nach auch im Leben aller anderen Propheten und allen voran im Leben Muhammads, sondern auch durch ihn und sein Wort gewirkt hat und wirken will, ist eine Wende angezeigt. Wer Augen öffnen will, sollte sich hüten, diese mit unweisen Bemerkungen gleich wieder zu schließen.

8.4.4. Die Frage nach der Gnade Gottes

Der Koran postuliert Gott als einen gnädigen Gott (Sure 6,147; 39,53; 23,118). Aber seine Liebe steht nicht allen Menschen zur Verfügung. Seine Liebe gilt nur den Rechtschaffenen (Sure 2,145; 3,134; 5,13.93), denen, die ihn suchen (Sure 2,222), die rein sind (Sure 2,222), die Gott fürchten (Sure 3,76; 9,4.7), den Geduldigen (3,146), den Vertrauenden (Sure 3,159), den Aufrichtigen (Sure 5,42) und denen, die für seine Sache kämpfen (Sure 61,4). Dagegen verweigert er seine Liebe denjenigen, die andere überfallen (Sure 2,190), die korrupt sind (Sure 5,64; 28,77), die böse und ungläubig bleiben (Sure 2,276), die undankbar sind (Sure 22,38), die Falsches tun (Sure 42,40), die böse reden (Sure 4,148), die Sünder sind (Sure 5,87), den Angebern (Sure 31,18; 57,33), den Verlorenen (Sure 6,141; 7,31), den Stolzen (Sure 4,36), den Ungläubigen (Sure 30,145).

Allah vergibt, aber wem er vergibt, das ist seine souveräne Entscheidung (Sure 2,284; 3,129; 5,18; u. a.). Er tut, was er will, und seine Entscheidung kann nicht manipuliert werden (Sure 5,40; 48,14). Eine Gewissheit der Vergebung der Sünde kennt der Koran nicht. Man kann nur auf die Vergebung am Tag des Gerichts hoffen (Sure 26,51; 26,81; 13,41; 66,8). Die Voraussetzung hierfür ist die Liebe zu Gott und der Gehorsam in der Nachfolge des Propheten (Sure 3,31; 8,29; 19,95; 20,73; u. a.). Es gibt auch Sünden, die Allah nicht vergibt *(shirk)*.

Hier wird sehr deutlich, wie stark sich das Gottesbild des Korans und des Neuen Testaments unterscheiden. Allah ist ein berechnender Herrscher. Seine Liebe ist an Leistung geknüpft. Er ist nicht wie der Gott der Christen, der seine verlorene Welt liebt und deshalb seinen eingeborenen Sohn auf die Erde sendet, damit die Menschen nicht verloren gehen (Joh. 3,16). Vor Allah haben seine Nachfolger Angst, den Vater im Himmel lieben seine Nachfolger und verehren ihn, weil er sie hört, wenn sie ihn bitten, und wenn sie bei ihm anklopfen, öffnet er (Mt. 7.7). Er gibt niemandem einen Stein, der ihn um Brot bittet, niemandem eine Schlage, der um Fisch bettelt (Mt. 7,7-8) Wer sich an den himmlischen Vater wendet, der erlebt einen Gott voller Barmherzigkeit (Eph. 2,3). Einen Gott, der will, dass alle Menschen errettet werden (1Tim.). Und wer von ihm erlöst wird, wird nicht aufgrund seiner Werke, sondern allein aus Gnaden (Eph. 2,8-9) gerettet. Der als „gnädig und barmherzig" gepriesene Allah ist dagegen launisch, er belohnt den Gehorsamen und Ergebenen, den Schwachen, den Unfähigen. Wer in seiner Sünde verstrickt ist, erfährt dagegen nur seinen Zorn und Verdammung.

So gut, wie die vielen Verweise auf den gnädigen und barmherzigen Gott im Koran klingen, als Begründung der Gnade und Barmherzigkeit Gottes taugen sie nicht. Vielmehr versetzen sie diejenigen, die diese Verweise kennen, in Angst und Schrecken, weil sie ihn permanent der Liebe, Gnade und Barmherzigkeit Gottes entziehen. Im evangelistischen Gespräch mit dem Koran in der Hand kann daher bald die Erkenntnis wachsen, dass der Mensch sich selbst niemals so vor Gott präsentieren kann, wie es Allah von ihm erwartet. Alle seine Anstrengungen scheitern letztendlich an seinem eigenen Unvermögen, so zu leben, wie es sein Schöpfer von ihm erwartet. Früher oder später steht dann der Muslim vor der Frage des Apostels Paulus, der in Römer 7,19.24 schreibt: „Denn das Gute, das ich will, übe ich nicht aus, sondern das Böse, das ich nicht will, das tue ich. … Ich elender Mensch! Wer wird mich retten von diesem Leibe des Todes?" Paulus kannte die Antwort. Und wir Christen kennen sie und können sie dann dem Muslim, wenn er mit seinem islamischen Latein am Ende ist, liebevoll präsentieren.

8.4.5. Die Frage nach der Liebe Gottes und das Kreuz

Das Neue Testament sieht das Herz des Evangeliums in der Liebe Gottes, die ihren tiefsten Ausdruck am Kreuz von Golgatha findet. Gott hat seinen geliebten Sohn Jesus Christus aus Liebe dahingegeben (Joh. 3,16), um „unserer Übertretungen wegen dahingegeben" (Röm. 4,25). Das Evangelium ist somit vor allem ein Evangelium der Liebe! So haben christliche Missionare von Anfang an versucht, es auch den Muslimen nahezubringen. Beispiele hierfür reichen von Lullus über Temple Gairdner, Samuel Zwemer oder auch in neuerer Zeit Kenneth Gragg oder Phil Parshall. Sie alle sahen in der Liebe Gottes mit ihrem Kreuzesausdruck das unaufhebbare Zentrum der christlichen Botschaft.[148]

Doch gerade dieser Kern wird von den Muslimen nicht verstanden. Bereits im Jahre 781 verteidigte Kalif Mahdi die islamische Ablehnung des Kreuzes mit den Worten: „Es war nicht ehrenhaft für Jesus Christus, dass Gott es erlauben würde, dass er übergeben worden wäre an die Juden, damit sie ihn töten."[149] Ähnlich argumentieren viele Apologeten des Islam.[150] Die Ablehnung des Kreuzes wird begründet mit der Verteidigung der Ehre Gottes. Nicht wenige Muslime würden gar behaupten, dass sie Jesus den Messias weit mehr ehren, als es die Christen tun, da sie sich nicht vorstellen können, dass Gott ihn sterben ließ. Sie sind davon überzeugt, dass Gott ihn nicht nur vom Tod rettete, sondern ihn zu sich nahm (Sure 4,157). Im Mittelpunkt des Interesses der muslimischen Interpretation steht die Ehre Gottes. In der christlichen Theologie spitzt sich die Frage dagegen auf die persönliche Erlösung des Menschen zu. Während der Islam sich vor allem der transzendenten Seite der Christologie annimmt, sucht das Christentum die immanente zu ergründen.

Kann es sein, dass hinter den unterschiedlichen Perspektiven nicht nur unterschiedliche Blickwinkel, sondern auch unterschiedliche Weltanschauungen stehen, die die besondere Festle-

148 Siehe hierzu für nähere Information Huffard 1990:162-165.

149 Zit. nach Huffard 1990:164. Übersetzung von mir.

150 Siehe unter anderem Kateregga 1980:141-142.163. Siehe weitere Hinweise und Literaturangaben in Huffard 1990:164ff.

gung zwingend und deshalb ein Gespräch mit der anderen Sicht unmöglich machen? Huffard, der sich mit der Frage intensiv beschäftigt hat, sieht genau hier den springenden Punkt.[151] Christliche, vor allem evangelikale Theologie ist auf dem Hintergrund des stark individualistisch geprägten Weltbildes des Westens entstanden. Hier findet die Frage nach der individuellen Erlösung und Liebeszuneigung einen hervorragenden Nährboden. Soziale Strukturen werden von gegenseitiger Wertschätzung und individueller Förderung geprägt. Persönliche Rechte des Individuums stehen sehr hoch auf der Werteskala. In einer solchen Kultur ist die Rede vom „persönlichen Erlöser", seiner aufopfernden Liebe, ja gar dem stellvertretenden Tod, der ein besseres individuelles Dasein ermöglicht, nicht nur verständlich, sondern der eigentliche Ausdruck eines liebenden Gottes.

Ganz anders in einer kollektivistischen Kultur, die das soziale Miteinander weniger von den Rechten des Einzelnen, sondern vom hierarchischen Konstrukt der Sippe begreift. Hier geht es weniger um Liebe und individuelle Förderung, sondern eher um solche Kategorien wie Ehre, Respekt und Scham. Die islamischen Kulturen sind solche kollektivistischen Kulturen.

In der Frage der Eheschließung ist der Unterschied zwischen der westlich-individualistischen und östlich-islamischen Kultur am deutlichsten zu sehen. Während im Westen nur aus individueller Zuneigung geheiratet wird – und falls eine solche erlöscht, eine Ehe auch geschieden wird –, bestimmen im Osten andere Faktoren die Wahl. An erster Stelle steht hier zum Beispiel die Ehre der Familie. Im Westen wird aus Liebe geheiratet, im Osten heiratet man und lernt dann zu lieben.[152]

Die theologischen Implikationen dieser unterschiedlichen Perspektiven sind enorm. Während der Westler im Kreuzestod Jesu eine persönliche Zuneigung Gottes zu sich selbst erblickt, sieht sich der Muslim gezwungen, Gottes Ehre zu verteidigen, der es nie zulassen könne, dass ein von ihm Gesandter auf eine so schmachvolle Weise sterben würde. Die einen betonen die Identifikation

151 Huffard 1990:165ff.
152 Huffard 1990:166.

Gottes mit ihrem eigenen sündigen Zustand (Phil. 2,6-8), für die Letzteren ist das ein Akt der Erniedrigung Gottes. Die christliche Christologie kommt ihnen zu anthropozentrisch vor und daher abwegig. Diese Ablehnung ist dabei stark von der Weltanschauung motiviert. Der Muslim scheint erst gar nicht verstehen zu können, was die christliche Rede von der Liebe Gottes am Kreuz von Golgatha für eine gesunde Theologie im Rahmen monotheistischer Religiosität bedeuten könnte. Er lehnt es ab, nicht weil er verstanden hat, was die christliche Lehre will, sondern weil seine Weltanschauung ihn gezielt zum Missverständnis zwingt.

Für die Missiologie stellt ein so beschriebenes Problem eine klassische Herausforderung der Kontextualisierung dar. Die Frage ist also, wie kann man von der Liebe Gottes, wie kann man vom Kreuzestod Jesu zu den Muslimen so reden, dass sie das Konzept im Rahmen ihres kulturellen Paradigmas einordnen und verstehen können?

Auch schon eine oberflächliche Durchsicht der neutestamentlichen Schriften nach dem gewählten Ansatz der Rede über Gott macht deutlich, dass die Betonung der Liebe Gottes, wie sie beispielsweise im Johannesevangelium unterstrichen wird, in den Synoptikern und auch in der Apostelgeschichte fehlt. Andere Themen rücken dagegen vor und so kann wohl mit Recht angenommen werden, dass man über Gott und seine Liebe zu uns Menschen auch anders reden kann als über seine aufopfernde Liebe. Huffard schlägt zwei dieser Themen als besonders relevant für den islamischen Kontext vor – Segen und Ehre.[153] Kein anderes Thema ist so zentral im Koran vorgestellt wie das des Segens.

Larry Lenning hat dieses Thema als eine Brücke zwischen den Vorstellungen der Christen und Muslime im Interesse der Evangelisation Letzterer entwickelt.[154] Im Zentrum seiner Überlegungen stehen Segenspassagen des Neuen Testaments, die den Segen Gottes unmittelbar auf Gottes Versprechen an Abraham zurückführen. Acht solcher Bibelstellen scheinen ihm dabei von besonderem Wert: Mt. 25,34; Apg. 3,25-26; Gal. 3,8-9.14; Eph. 1,3; Hebr. 6,7-8.12-15; 1Petr. 3,9.

153 Huffard 1990:168.

154 Lenning 1980.

Es fällt auf, dass gerade Paulus in seiner Begründung des Kreuzes vom Segen Gottes her argumentiert. In Galater 3,1.8-9.13-14 schreibt er:

> Unverständige Galater! Wer hat euch bezaubert, denen Jesus Christus als gekreuzigt vor Augen gemalt wurde? ... Die Schrift aber, voraussehend, dass Gott die Nationen aus Glauben rechtfertigen werde, verkündigte dem Abraham die gute Botschaft voraus: „In dir werden gesegnet werden alle Nationen." Folglich werden die, die aus Glauben sind, mit dem gläubigen Abraham gesegnet. [...] Christus hat uns losgekauft von dem Fluch des Gesetzes, indem er ein Fluch für uns geworden ist – denn es steht geschrieben: „Verflucht ist jeder, der am Holz hängt!" –, damit der Segen Abrahams in Christus Jesus zu den Nationen komme, damit wir die Verheißung des Geistes durch den Glauben empfingen.

Der Segen Abrahams kommt über die Liebestat des Sohnes Gottes am Kreuz zu den Nationen. Gottes Segen an die Menschen macht somit das Kreuz notwendig!

Auch das zweite große Thema der muslimischen Welt findet in der Tat Jesu einen deutlichen Widerhall – die Frage nach der Ehre. In Epheser 1,3-4 sagt Paulus:

> „Gepriesen sei der Gott und Vater unseres Herrn Jesus Christus. Er hat uns gesegnet mit jeder geistlichen Segnung in der Himmelswelt in Christus, wie er uns in ihm auserwählt hat vor Grundlegung der Welt, dass wir heilig und tadellos vor ihm seien in Liebe."

Gottes Segen an die Menschen ist in Jesus Christus gegeben, damit er, Gott, geehrt wird! Es ist nicht nur eine Frage der persönlichen Zufriedenstellung. Erlösung zielt auf die Wiederherstellung der Ehre Gottes. Gottes Liebe ist daher nicht an eine verkommene Menschheit verschleudert. Sie stellt die Ehre Gottes nicht infrage. Geradezu umgekehrt – sie postuliert sie und macht sie im Leben der Menschen, die in Christus gläubig geworden sind, erst möglich! Gott wird in Jesus Fleisch und dann sehen wir Menschen seine *doxa,* seine Herrlichkeit (Joh.1,14).

Man kann demnach recht unterschiedlich die Frage nach der Liebe Gottes als Gottes Motiv zur Erlösung der Menschen ins Gespräch bringen: auf der Ebene der persönlichen Gabe und persönlichen Erlösung, so wie es Johannes 3,16 vorschlägt, oder aber auch auf der Ebene der Wiederherstellung der Ehre Gottes, so wie es in Johannes 5,22-26 oder Philipper 2,9-11 zum Ausdruck gebracht wird. Der zweite Zugang wäre für Muslime auf dem Hintergrund ihres Weltbildes verständlicher und weniger problematisch. Der Muslim ist darauf bedacht, Gottes transzendente Natur zu betonen. Jede „Verdiesseitigung" Gottes ist ihm suspekt. Wenn es uns gelingt, durch das Kreuz die Ehre Gottes zu verteidigen, dann sind wir im Gespräch mit dem Muslim dem Ziel ein Stück näher gekommen. Huffard schlägt daher erstens vor, im Gespräch mit dem Muslim die Loyalität des Christus zu Gott zu betonen.[155] Christus ist der Rasul Gottes. Er ist Gott völlig untergeordnet und seine Rolle ist die Rolle eines Mediators (Apg. 4,12) zwischen den gefallenen Menschen und Gott. Als solcher muss er rein und ehrenvoll sein. Als solcher muss er absolutes Vertrauen bei den beiden Parteien genießen und bereit sein, wenn nötig auch sein Leben zu riskieren. Eine solche Rolle versteht der Muslim. Ist doch sein Leben von ständigen Vermittlungen durchkreuzt und auch der Koran schreibt den Propheten eine ähnliche Rolle zu. Dass der Prophet dabei auch sein Leben verlieren kann, das stellt auch der Koran nicht infrage. Das Kreuz schmälert die Ehre des Christus nicht. Geradezu umgekehrt, es lässt Gottes Herrlichkeit groß werden! Zweitens, so Huffard, können wir von der Großzügigkeit Gottes angesichts des Kreuzes reden. Wer diese Großzügigkeit erfahren hat, wird aufgerufen, Gott in seinem Leben zu verherrlichen (1Kor. 6,20). Und drittens wollen Muslime Jesus vom Sterben am Kreuz „erlösen", weil sie auf diese Weise eine Entehrung Gottes, der seinen Gesandten nicht bewahren konnte, vermuten. Richtig wäre es, wenn Jesus nicht auferstanden wäre.

155 Huffard 1990:170-171.

Doch er ist von Gott auferweckt worden. Sein Tod hat Gott nicht entehrt, sondern seine Herrschaft über Leben und Tod etabliert!

Die Liebe Gottes zu uns Menschen, die sich im Kreuzestod Jesu zeigt, muss nicht zum Ärgernis mit den Muslimen führen. Doch über seinen Tod und seine Auferstehung nicht zu reden, stellt keine Option dar. Der Apostel Paulus hatte mit keinem anderen Thema so viel Ärger wie mit dem Thema des Kreuzes (1Kor. 1,23), und doch erblickte er darin die alles entscheidende Kraft zum Leben. Freilich werden christliche Evangelisten dabei weise Zugänge suchen, wenn sie das gerade angefangene Gespräch nicht gleich wieder beenden wollen. Mögliche Wege dazu sind vorhanden.

8.4.6. Die Frage nach Christus

Die obigen Ausführungen machen deutlich, wie zentral die Frage nach dem Verständnis der Person und des Werkes Jesu Christi im islamisch-christlichen Dialog ist. Gelehrte auf beiden Seiten weisen darauf hin, dass es die Christologie ist, an der das Gespräch weiterkommt oder eben scheitert.[156] Dabei wäre es wichtig, Jesus sowohl koranisch als auch neutestamentlich zu erfassen, wie Kenneth Gragg es forderte.[157] Die koranische Christologie stellt mit allen ihren Widersprüchen weniger ein synkretistisches, als vielmehr ein unvollendetes Werk dar. Mit Recht weist Vander Werff darauf hin, dass die schnelle Expansion des Islam gerade in christlichen Gebieten oft dank militärischer Eroberung einen konstruktiven Dialog und die Weiterentwicklung der islamischen Christologie verhindert hat.[158] Leider kann auch kaum von einem effektiven christlichen Zeugnis in den islamischen Ländern durch die vielen Jahrhunderte die Rede sein. Woher sollen denn die Muslime wissen, dass ihr Bild von dem Messias ein unvollständiges ist?

Doch fangen wir da an, wo die Muslime bereits die Wahrheit kennen, wie es Samuel Zwemer so richtig lehrte.[159] Sie kennen Isa

156 Vander Werff 1990:175ff.

157 Gragg 1985:xiv.

158 Vander Werff 1990:180.

159 Zwemer 1912:8.

als Mesih, Jesus als den Messias. Allerdings ist dieser Titel eher verwaschen und seine Bedeutung unklar. In solchen Fällen, das lehrt auch der Koran, ist die Hinwendung zu den Heiligen Schriften geboten. Es ist also auch für den Muslim kein wirkliches theologisches Problem, sich den Schriften der Christen und der Juden hinzuwenden und mehr Information zum Thema zu erlangen.

Bei der Aufarbeitung der Beziehung des Muslims zu Christus ist folgende Akzentuierung hilfreich:[160]

1 Messias als das Ewige Wort und Geist Gottes. Über diese koranische Terminologie kann man über Jesu Präexistenz reden.
2 Messias als Sohn der Maria. Hier kann man sein Menschsein und sein irdisches Dasein ansprechen.
3 Messias als Prophet und Gesandter Gottes. So kann eine hervorragende Einführung in den Auftrag und das Werk Christi aufgebaut werden.
4 Der Messias als Mediator und Erlöser zwischen den Menschen und Gott. Hier kann die Gnade Gottes vorgestellt werden.
5 Der Messias als leidender Gottesknecht. An dieser Stelle kann die Notwendigkeit des stellvertretenden Sterbens Christi dargestellt werden und die Kraft der daraus resultierenden Auferstehung.
6 Der Messias als Gott in der Person des Jesus.
7 Der Messias als Herr.

8.4.7. Die Frage nach Muhammad

Wie soll man mit dem Muslim konstruktiv reden, ohne dass die Frage nach der Bedeutung des Propheten Muhammad auf den Tisch kommt. Jeder Versuch, der Frage aus dem Weg zu gehen, wird von den Muslimen früher oder später mit dem Abbruch des Gesprächs quittiert. Man kann also Muhammad nicht erfolgreich totschweigen. Doch wie redet man über ihn sinnvoll? Was sagt

160 So vorgeschlagen bei Vander Werff 1990:188f. Die Reihenfolge und Akzentuierungen sind von mir etwas verändert.

man über einen Menschen, der vieles richtig verstanden hat und dann aber in eine so gravierende Irrlehre verfallen ist, dass man ihm mit Recht antichristliche Züge nachgesagt hat? Wie redet man über ihn mit Menschen, die in ihm eine messianische Gestalt, eine letztgültige Autorität erblicken, ohne ihre Gefühle zu verletzen? Was sagt man, wenn man Vertrauen aufbauen und nicht Beziehungen zerstören möchte? Wie schafft man den Spagat – den eigenen Überzeugungen treu zu bleiben und zugleich jede Provokation zu vermeiden? Ein paar Gedanken dazu.

Muhammad war eine faszinierende Persönlichkeit. Angezogen vom Gedanken an den einen Gott, den Schöpfer Himmels und der Erde, kam er der Wahrheit sehr, sehr nahe. Man braucht nur einmal die Sure 5,82-86 zu lesen, um die daraus sprudelnde Faszination mit der Offenbarung Gottes, wie sie in den jüdischen und christlichen Schriften gelehrt wird, zu erkennen. In seinen Auseinandersetzungen mit den Gegnern scheint er immer wieder zu den Schriften der Juden und der Christen zu greifen, um die ihm zuteil gewordene Offenbarung zu verteidigen (siehe in diesem Zusammenhang Sure 4,150-152; 13,361; 26,192-197; 46,10). Für ihn steht die ihm zugeteilte Offenbarung in unmittelbarer Abhängigkeit zu der Bibel (Sure 2,89; 3,48; 5,48; 6,93; 35,31; 46,11f; 46,30). Muhammad kritisiert zwar den Umgang der Juden mit der Schrift (Sure 2), aber sagt nichts Ähnliches gegen die Christen! Jesus hat für ihn Gott offenbart (Sure 5,46f; 57,27) und er sieht sich herausgefordert, Jesus gegen die Kritiker zu verteidigen. Wenn man über diesen erstaunlichen Auftrag Muhammads redet, kann man schnell Verständnis gewinnen und Ablehnung vermeiden. Man sollte bei dem bleiben, was Muhammad wollte, und erst später darüber reden, wie er das, was er beabsichtigte, umgesetzt hat.

Man hat vorgeschlagen, Muhammad als einen Propheten zu verstehen, der die Botschaft von dem einen Gott seinen heidnischen Arabern zu bringen hatte.[161] Das ist auf jeden Fall nicht falsch und stellt den Mann auch im Gespräch mit den Muslimen in ein positives Licht. Vertrauen zu Muslimen gewinnen wir nicht mit

161 Vander Werff 1990:186

Karikaturen über Muhammad, sondern durch eine ehrliche Wertschätzung seiner Absichten und seines Lebenswerkes.

Freilich war auch Muhammad ein Mensch. Und der Koran verschweigt seine Sünden nicht (Sure 40,57; 47,21; 94,1 u. a.). Auch er bedurfte der Gnade und der Barmherzigkeit Gottes. Und als solcher hat er sich immer wieder geirrt. Das ist in den Ausführungen weiter oben deutlich geworden. Gott sah sich genötigt, das von Muhammad verstandene Wort immer wieder zu korrigieren, so der Koran. Dass sich Muhammad nie irrte, davon spricht der Koran nicht. Damit kann man im fortgeschrittenen Gespräch mit dem Muslim auch Fehldeutungen und Fehlinterpretationen dieses Propheten ansprechen. Und schließlich seinen kardinalen Irrtum in Bezug auf die Erlösung durch Jesus offenlegen. Freilich wird ein solches Gespräch dauern. Festgefahrene Sichten und Überzeugungen ändert man nicht über Nacht.

8.4.8. Mit Muslimen theologisch reden

Es ist deutlich geworden, dass man mit Muslimen über theologische Themen reden kann. Wir haben gemeinsame Anliegen und gemeinsame Überzeugungen, die einen hervorragenden Ansatzpunkt zum Gespräch über Gott und die Welt ermöglichen. Fangen wir da an, wo wir einander verstehen! Lernen wir den gemeinsamen Boden kennen – das schafft Vertrauen! Und erst wenn Vertrauen gewachsen ist, kann man schwierige Themen angehen. Streit ist unvermeidbar, aber die Art und Weise, wie man in eine Debatte einsteigt, wird wesentlich das Ergebnis bestimmen. Wir dürfen und wir brauchen nicht die kardinalen Unterschiede in unseren Überzeugungen verschweigen. Echter Dialog lebt nicht von totaler Nivellierung der Positionen, sondern vom gegenseitigen Respekt und der Bereitschaft, den anderen mit seinen richtigen und falschen Meinungen anzuhören. Und ein solches vertrauensvolles, auf gegenseitige Wertschätzung bauendes Verhältnis ist nur dann wirklich möglich, wenn wir erkennen, wo wir gemeinsame unstrittige Themen haben, gemeinsame unstrittige Überzeugungen teilen, gemeinsame Anliegen formulieren und uns für Inhalte, die diese Überzeugungen tragen, gemeinsam einsetzen. Weil diese aber in großer Menge vorhanden sind, steht einem konstruktiven Gespräch nichts im Weg.

8.5. Zur Kunst effektiver Kommunikation

8.5.1. Verständliche Rede wählen

Man kann mit Muslimen über den Glauben reden. Aber wer es versucht, der wird sich darum bemühen müssen, auch verständlich zu reden. Wer seinen Gesprächspartner in einer fremden Sprache anspricht, der bewirkt bekanntlich nichts. Das bezieht sich sowohl auf die Sprache an sich als auch auf die Wortwahl. Sind bestimmte Begriffe in der Welt des Gesprächspartners inhaltlich besetzt, dann können sie auch nur in diesem Zusammenhang genutzt werden. Es sei denn, man erklärt seinem Gegenüber, was mit dem Begriff gemeint ist. Und das ist in einer Welt der vielen Vorurteile oft gar nicht so einfach.

Es ist erstaunlich, wie wenig und wie verdreht Muslime über das Christentum Bescheid wissen. Jahrhunderte des spannungsgeladenen Nebeneinanders von Muslimen und Christen haben sehr viele Bilder geschaffen, die Vorurteile transportieren. Solche Vorurteile lenken die Kommunikation in eine falsche Richtung, lassen Nervosität aufkommen und zwingen die Gesprächspartner zur unnötigen Konfrontation und Feindschaft. Eine solche abzubauen ist für jedes evangelistische Gespräch wesentlich. Sätze die mit Worten wie „Ihr Christen glaubt ja ..." oder „Ihr Muslime wollt ja nur ..." anfangen, zeigen schnell auf, dass man meist über verkehrte Informationsquellen verfügt, die unnötig die Kommunikation erschweren.

Livingstone erwähnt in seinem Buch ein Gespräch mit einem Saudi während eines Fluges.[162] Auf die Frage, was er denn so über das Christentum wisse, antwortete dieser selbstsicher: „Alles. Jeden Abend sehe ich einen christlichen Videofilm." Er meinte einen in Hollywood produzierten Film. Sein Bild von den Christen

162 Livingstone 1996:48.

war von Hollywood geprägt. Dabei stellt sich natürlich die Frage, was diese Filmschmiede mit dem christlichen Glauben zu tun hat. Für einen Muslim, der ganzheitlich denkt, ist aber alles, was im sogenannten christlichen Westen geschaffen wird – christlich. Also auch Hollywood im christlichen Amerika. Man kann sich nur zu leicht vorstellen, welches Bild dieser Muslim über die Christen hatte. Mit einer Hollywood-Brille auf der Nase kann er sich sicher nichts geistlich Relevantes über das Christentum vorstellen. Wie auch. Livingstones Nachfrage hat ein Bild offenbart, das ihn zur Vorsicht im Gespräch mahnte und dazu zwang, nach einer Sprache zu suchen, die beides – verständlich und vorurteilsfrei – war.

Ein anderes potenzielles Hindernis im Gespräch mit den Muslimen ist das Bild der Muslime über die wirtschaftliche Situation, in der Christen leben. In vielen islamischen Ländern dieser Welt ist die wirtschaftliche Lage der Christen in einem so desolaten Zustand, dass die Perspektive, Christ zu werden, kaum attraktiv erscheint.[163] Im Denken dieser Muslime sind Christen arm, weil es ihnen an Allahs Segen mangelt. Freilich kennen sie auch genug arme Muslime, aber auch diesen würde man den mangelnden Segen Allahs vorwerfen. Dass solche Argumente gerade im reichen Westen nicht mehr ziehen, liegt auf der Hand. Sie zu kennen ist jedoch wichtig.

Ebenfalls negativ wirkt sich das vermeintlich negative Bild des Westens vom Islam auf das Denken sowohl der Muslime als auch Christen aus. Laut Shastri ist der Islam in einer Art „Belagerungszustand“[164], der durch die Islam-Rezeption im Westen hervorgerufen ist. Jede Identifikation der christlichen Kirchen in islamischen Ländern mit ihren Brüdern im Westen kann daher zu erheblichen Spannungen mit dem Islam vor Ort führen und belastet die Kommunikation.

Die Klärung der Vorurteile, die die Kommunikation mit den

163 Siehe z. B. die Situation in Bangladesch: http://www.wfn.org/2002/05/msg00096.html. (18.06.2006).

164 In www.oikoumene.org/de/news/news-management/all-news-german/display-single-german-news/browse/6/article/1750/christsein-in-einem-mehrh.html.

Muslimen beeinträchtigen, ist Gebot für jedes missionarisch-evangelistische Gespräch mit Muslimen. Ihre Lebens- und Denkwelt zu verstehen, ihre Vorurteile zu entdecken und die Hintergründe solcher Vorurteile zu erleuchten und dann eine verständliche Sprache zu wählen, ist unbedingte Voraussetzung für den Erfolg der evangelistischen Verkündigung.

8.5.2. Keine christliche Terminologie

Wer evangelisieren will, der sollte es in der Sprache der Menschen tun, die man vor sich hat. Das ist eine Binsenwahrheit. Nur wer verständlich redet, wird auch verstanden. Und das gilt nicht nur für die Wahl der Sprache an sich. Dass man einen Araber am besten in Arabisch anspricht, das hat sich weitgehend durchgesetzt. Dass man aber einen deutschsprachigen Araber immer noch in Arabisch ansprechen sollte, wenn man ihn mit dem Evangelium erreichen will, das ist für viele schwierig zu verstehen. Doch gerade in der multikulturellen Landschaft des Westens wird Evangelisation unter den Muslimen nur dann gelingen, wenn man sich von der europäischen „christlichen" Terminologie verabschiedet. Dass der Jude Jesus in den griechischen Schriften des NT nicht Jesus, sondern Iisus nennt und Jesus in seinem eigenen hebräischen Umfeld Jeschua genannt wurde, ist mittlerweile weithin bekannt. Dass er aber im Islam Isa genannt wird, wissen nur wenige. Und wenn man es weiß, dann scheut man sich immer noch, ihn bewusst zu gebrauchen, aus Angst, der islamische Jesus sei doch nicht der Jesus des Neuen Testaments. Sicher ist das Jesusbild im Islam nicht in allem identisch mit dem, was wir Christen glauben. Aber ist das denn nicht auch der Fall in den vielen aus dem Christentum entwickelten Sekten? Haben die Mormonen oder die Zeugen Jehovas nicht ebenfalls ein völlig falsches Jesusbild? Und doch nutzen wir im Gespräch mit ihnen bedenkenlos den Namen Jesus in der Aussprache, die auch sie gebrauchen. Arabische Christen haben von Anfang an Isa als die kontextualisierte Variante des hebräischen Jeschua genutzt. Der Islam schloss sich ihnen an. Warum scheuen wir uns davor?

Wie der Name Jesu so haben auch die Namen anderer biblischer Größen im Koran eine östliche Färbung. Abraham ist z. B. Ibrahim und Mose ist Musa. Dem Muslim sind diese Namen geläufig. Sie zu „christianisieren“ wäre fatal. Es würde einen Grad der Befremdung schaffen, was völlig unnötig ist.

Nicht zuletzt geht es auch um den Namen Gottes selbst. Die Muslime nennen ihn Allah, vom semitischen El. Ruft man sie zu Allah, ist jede Irritation ausgeschlossen. Freilich kann das nicht unreflektiert laufen. Über die theologischen Probleme haben wir bereits gesprochen.

Sprachliche Anpassung ist von großer missionarischer Bedeutung. Phil Parshall schreibt: „Der Gebrauch von Sprache ist weit mehr als nur eine mentale Übung in der Kommunikation. Worte sind emotionell geladen. Es ist daher wichtig, weiterhin nach angemessenen linguistischen Formen zu suchen, die sowohl die Herzen als auch den Verstand der muslimischen Freunde erreichen können.“[165]

Kommunikation ist natürlich mehr als nur verbale Sprache. Non-verbale Sprachakte sind manchmal wichtiger als das gesprochene Wort. Gerade und vor allem im religiösen Raum ist die Art unseres Auftretens, unsere Gestik und Mimik von entscheidender Bedeutung. Muslime erkennen das Gebet zum Beispiel an der Gebetshaltung, die Hingabe an Gott an der rechten Anbetung und am Fasten. Dabei wird beides weitgehend im öffentlichen Raum ausgetragen. Ritualisierte, auch nach außen getragene Frömmigkeitspraxis ist also wichtig.

Entsprechende Verbeugungen, das Aufheben der Hände, liturgische Formeln, fest eingerichtete Zeiten gehören hier zum Alltag. Wo man darauf verzichtet, kann der Muslim weder Hingabe an Gott noch Frömmigkeit entdecken. Nicht wenige Muslime denken z. B., dass die wenigsten Christen beten, ganz zu schweigen vom Fasten. Der MBB Uddin schreibt dazu: „Für mich und viele andere Erst-Generations-Gläubige an Christus ist es enorm wichtig, diese islamischen Formen der Anbetung weiterhin zu praktizieren. Wir müssen diesen Formen jedoch eine christliche Bedeutung geben.

165 Parshall 1990:254. Übersetzung von mir.

Das Wachstum in Christus ist leichter zu erreichen, wenn so viele kulturelle Formen in der Anbetung Gottes übernommen werden wie möglich. So wird der Kulturschock gemindert.“[166] Dabei ist es wichtig zu sehen, dass es bei der Spiritualität im Islam in unterschiedlichen Kulturräumen Abweichungen von der traditionellen Norm gibt. Diese sind immer zu berücksichtigen.

Uddin berichtet folgende Begebenheit. Im September 1985 holte er fünf christusgläubige Paare aus dem Islam zu einer Schulung zusammen. Einen Monat lang übten diese Ehepaare nun kontextualisierte Formen der christlichen Frömmigkeit ein. Sie beteten fünfmal am Tag, indem sie sich bewusst an die Form des islamischen *salat* oder *namaz* hielten. Für die Rezitation benutzten sie auswendig gelernte Teile der Bibel, Psalmen, das Hohepriesterliche Gebet Jesu, das Hohelied der Liebe aus 1. Korinther 13,1ff oder auch Teile aus der Bergpredigt. Immer mehr entdeckten die Gläubigen dabei, dass man auch Gutes aus dem Islam gewinnen kann, und ihre Begeisterung wuchs, die neue Erkenntnis in ihren Dörfern umzusetzen. Als sie nach dem Training zurück in ihren islamischen Kontext gingen, veränderte sich bald das Verhältnis ihrer Dorfbewohner zu ihnen, weil ihre christlichen Nachbarn sie nun als hingegebene Gottesanbeter erkannten. Bald waren es einige Hundert Muslime, die über diese fünf Ehepaare zum Glauben an Jesus fanden.[167]

Die Anpassung bestimmter Formen der Frömmigkeit an islamische Vorbilder führt zum Verständnis, erleichtert das Gespräch und damit auch die Evangelisation. Warum z. B. sollen nicht auch Christen im Fastenmonat Ramadan aktiv fasten? Muslimische Gesellschaften sind nicht ohne den Fastenmonat Ramadan zu denken. Schließen sich Christen dem Fasten an, so werden sie von den Muslimen als Gottessucher eingestuft und zum Fastenbrechen eingeladen. So wird das Vertrauen gestärkt und ein Prozess der Evangelisation kann beginnen.[168] Andere

166 Uddin 1990:269. Übersetzung von mir.

167 Uddin 1990:271-272.

168 Zur Teilnahme am Ramadan siehe die überaus hilfreichen Hinweise von Phil Parshall (Parshall 1990:255).

Feste und Feierlichkeiten der Muslime könnten ebenso zum Mitmachen anregen.[169]

8.5.3. Nicht nur Worte

Gute Kommunikation findet mitten im Leben statt. Dr. Hermen Shastri vom Ökumenischen Rat der Kirchen in Malaysien spricht von einer „Evangelisation durch Leben und Wort" als der einzigen Möglichkeit, das Evangelium in einem Land, in dem der Islam eine Staatsreligion ist, zu verkündigen.[170] In ihrem Vorbereitungspapier Nr. 13 (Religiöse Pluralität) spricht die KWE des ÖRK von der Kultur der Gastfreundschaft, die die christliche Kirche praktizieren müsse, um dem Evangelium eine entsprechende Chance zu geben.[171] Nichts stört Muslime mehr am Christentum als die Unfähigkeit, die geglaubten Ideale auch zu leben. Dieser Vorwurf an die westliche Christenheit ist allgegenwärtig.[172]

Sicher kann man den Vorwurf auch umdrehen und vielen Muslimen das Gleiche vorhalten. Aber ist damit jemandem geholfen? Nein! Erst recht nicht, wenn wir die Muslime für Jesus gewinnen wollen. Worte, die wir Christen sagen, um das Evangelium an die Muslime weiterzureichen, sollten zunächst und vor allem von unserem Leben gedeckt sein. Die beste Begründung der Richtigkeit unserer Glaubensüberzeugungen ist unser Leben. Wer andere zu einem Lebensideal bekehren will, das man selbst nicht leben kann, ist unglaubwürdig. Denn genau dadurch zeichnete sich der Dienst unseres Herrn Jesus Christus aus. Er sprach nicht wie die Schriftgelehrten und Pharisäer, sondern tat, was er sagte, und wenn er sprach, dann geschah, was er versprach. Er predigte in Vollmacht (Mt. 7,29). Und das erkannten die Menschen und folgten ihm.

169 Siehe eine gute Einführung in islamische Feste und Feiertage von Mildenberger 1984.

170 In www.oikoumene.org/de/news/news-management/all-news-german/display-single-german-news/browse/6/article/1750/christsein-in-einem-mehrh.html. (18.06.2006).

171 Religiöse Pluralität ..., in: www.oikoumene.org/Vorbereitungspapier-Nr-1.875+B6Jkw9Mg__.0.html. (18.06.2006).

172 Siehe Beispiele in Shenk 1983:144-145.

Und die Muslime sind Meister darin, echtes Leben von bloßen Worthülsen zu unterscheiden.

Sicherlich ist es nicht nur die Verkündigung in Wort und Tat, die die Menschen im Islam anspricht. Bekehrungen aus dem Islam werden sehr oft von übernatürlichen Erscheinungen begleitet.[173] Jesus selbst offenbart sich den Muslimen in ihren Träumen und Visionen. Nicht selten führt diese Tatsache vor allem die eher pentekostal orientierten Christen zur Meinung, Evangelisation unter den Muslimen sei nur als „Power Evangelisation" nach der Vorstellung eines John Wimber[174] möglich. Livingstone und andere stellen mit Recht die Normativität einer solchen Haltung infrage.[175] Wir wollen und können Gottes übernatürliches Eingreifen im Leben von Muslimen nicht leugnen. Man kann sich ja nur darüber freuen, dass Gott selbst so mächtig in ihr Leben eingreift, dass sie zu Jesus ihrem Messias finden. Aber daraus eine Erwartung abzuleiten oder gar Bedingung an jede Evangelisation zu knüpfen, wäre ähnlich falsch wie die Forderung nach unbedingter geistlicher Kampfführung als Befreiungsdienst von den Mächten der Finsternis. Sicher ist der Islam an vielen Stellen okkult besetzt, aber deshalb kann man nicht alle Muslime unter das Urteil „dämonisch belastet" stellen.

Geistliche Kampfführung ist vor allem unter den stark dämonisierten volksislamischen Gesellschaften unabdingbar.[176] Hier hängt diese Tatsache jedoch nicht so sehr am Islam als an den schamanistischen Vorstellungen, die man aus der vorislamischen Zeit dieser Völker in den heutigen Islam herübergerettet hat.

Kommunikation des Evangeliums im islamischen Raum verlangt somit nach adäquater Sprache, ganzheitlicher Verkündigung und der Realität des Heiligen Geistes im Dienst der Christen.

173 Livingstone 1996:29.
174 Siehe zu seinem Konzept: Wimber 1987.
175 Livingstone 1996:29.
176 Siehe dazu Hiebert 1990:51ff.

8.6. Gesellschaftstransformierende Evangelisation

Im Islam denkt man ganzheitlich. Eine Trennung zwischen Religion und Gesellschaft, wie wir es aus der westlichen Welt kennen, lehnen die Muslime ab. Ihre Kultur und Religion sind in jeder Hinsicht verflochten. Hier ähnelt der Islam dem Judentum. Entsprechend deutlich wird die Forderung nach ganzheitlichen Ansätzen zur Evangelisation erhoben.[177]

In seinem Menschenverständnis unterscheidet sich der Islam wesentlich von den Vorstellungen der westlichen demokratischen Gesellschaften. Nicht das Individuum, sondern das Kollektiv steht im Mittelpunkt des Interesses. Das Kollektiv ist seinerseits nicht als demokratisch festgelegter sozialer Raum, sondern als von der Theokratie gestaltete Einheit gedacht. Damit sind der Entfaltung und Emanzipation des Individuums von Anfang an gewisse Grenzen gesetzt.[178] Die islamischen Gelehrten betonen vor den Rechten gerne die Pflichten des Menschen, die er vor Gott hat. Pflichten erwarten Unterwerfung und Gehorsam. An erster Stelle sollte es dem Menschen daher nicht um die eigene Emanzipation, sondern um die Erfüllung der Forderungen seines Schöpfers gehen.

Mensah bietet einen hilfreichen Überblick über Themen im Islam, die mit den Vorstellungen des Alten Testaments übereinstimmen, und stellt diese den Vorstellungen im westlichen Christentum gegenüber.[179]

---

177 Vgl. z. B. das LOP 13:13-14.

178 Siehe zum Thema Tibi 1994. Auf der evangelikalen Seite ist der Beitrag von Christine Schirrmacher eine große erste Hilfe in die Thematik einzusteigen (Schirrmacher 2001a).

179 Mensah 1990:94.

Konzept	Muslimische/AT Vorstellungen	Westliches Christentum
Einheit	Betonung der Einheit allen Lebens	Betonung der Einheit, wo es einen pragmatischen Wert hat
Zeit	Tradition und Vergangenheit werden mit hohem Respekt behandelt.	Zukunftsorientierung
Familie	Solidarität	Betonung des Individuums
Friede	Harmonie, Integration in allen Belangen des Lebens	Ein Charakteristikum des inneren Erlebnisses, Wohlempfinden
Ehre	Überaus wichtige Kategorie	Hohe Priorität
Status	Eine Sache, die mit der Zugehörigkeit zur Familie und mit dem Alter zu tun hat	Ein Ergebnis von Reichtum und gesellschaftlichen Errungenschaften
Individualismus	Das Wohlbefinden des Einzelnen ist der Gruppe, dem Kollektiv untergeordnet.	Die individuelle Unabhängigkeit hat eine hohe Priorität.
Säkularismus	Ein völlig inakzeptabler Trend	Weit akzeptierter Trend
Veränderung/ Change	Unerwünschtes Phänomen	Sehr erwünschtes Phänomen

Gleichheit	Theoretisches Ideal, jedoch in der Praxis nicht zu verwirklichen	Theoretisches Ideal, jedoch in der Praxis nicht zu verwirklichen
Effizienz	Eine wenig beachtete Größe	Eine unbedingt zu beachtende Größe

Die Tabelle macht deutlich, wo die Kommunikationsfallen für westliche Christen liegen. Während Muslime das Ganze des Lebens betonen, engen westliche Christen ihre Perspektive auf individuelle Themen ein. Während der Muslim die Gemeinschaft im Blick hat, betont der westliche Christ das Individuum. Dabei ist der Muslim dem alttestamentlichen und damit auch biblischen Ideal näher als manch ein Christ. Das zu erkennen ist hilfreich, weil es den Evangelisten zwingt, Evangelisation im Zusammenhang mit gesellschaftlich relevanten Themen zu sehen. Drei solcher Themen möchte ich näher erläutern: Armut, friedliches Zusammenleben und schließlich Versöhnung und Frieden.

Armut

Die meisten Muslime in dieser Welt leben in Armut.[180] Für diese Menschen ist der Kampf ums tägliche Überleben Alltag. Christliche Mission hat in solchen Gesellschaften nur eine Chance, wenn sie sich dieser Nöte annimmt. Eine Aufgabe, die jedoch auch Misstrauen der orthodoxen Muslime auf den Plan ruft, wie Phil Parshall mit Recht anmahnt.[181] Doch wie wollte man das Evangelium den Armen predigen, wenn man sich ihrer wirtschaftlichen Armut nicht stellt? Wie sollen sie hören, wenn sie neben all ihrer religiösen Abneigung dem Christentum gegenüber auch noch den täglichen Überlebenskampf auszufechten haben?

---

180 Mensah (1990:86) nennt die Zahl von 970 Mio Muslimen, die in armen Ländern leben. Das ist bei Weitem die absolute Mehrheit aller Muslime.

181 Parshall 1980:83.

Friedliches Zusammenleben

Im Prozess der Globalisierung gestalten sich vor allem die westliche Gesellschaften immer mehr zu multikulturellen und multioptionalen Räumen, in denen Evangelisation und Gemeindegründung unter den Muslimen grundsätzlich ein gesundes und konfliktfreies soziales Miteinander zu den bereits bestehenden Gemeinden der Christen voraussetzt. Wie ein solches Miteinander aussehen kann, wird unter anderem in den Erklärungen der Lausanner Bewegung für Weltevangelisation dargestellt[182] und in den Leitlinien zur Beziehung zwischen Christen und Muslimen von Eberhard Tröger vorgestellt.[183] Die bewusste Gestaltung gemeinsamer sozialer Räume in GWA-Projekten wird Vertrauen zueinander stärken, Ängste abbauen und den Glaubensdialog fördern. Somit wird ein Fundament für Evangelisation gelegt.

Versöhnung und Frieden

Die islamische Welt ist tief verwundet. Die ständigen Konflikte zwischen Sunniten und Schiiten und die Gräueltaten auf beiden Seiten haben die islamische Welt tief gespalten und Wunden in die Herzen der Muslime geschlagen, die nach Heilung schreien. Der Orientale kennt das Instrumentarium eines Mediators. Allerdings nicht im Bereich der Religion. Für sehr viele Muslime war die Entdeckung, dass Jesus als Versöhner auftritt, der entscheidende Schritt zum Glauben. Friedens- und Versöhnungsarbeit kann zu einem wesentlichen Bereich gesellschaftsrelevanter Evangelisation werden.

8.7. Der Ruf zum Glauben darf nicht fehlen

Muslime glauben an Isa den Messias. Sie kennen ihn aus dem Koran. Und wenn sie Jesu Nachfolger kennenlernen, die ihren Glauben ernst nehmen und die Erfahrungen mit Jesus machen, dann wächst ihre Ehrfurcht vor Jesus. Aber wahrer biblischer Glaube erschöpft sich nicht im Wissen, dass Jesus Christus der von Gott

182 LBWE 1997.

183 Tröger 2001. Siehe dazu auch Bouman 1995.

gesandte Messias ist. Auch bloße religiöse Verehrung ist letztlich nicht genug. Niemand wird das Reich Gottes je sehen, es sei denn, er sei von Neuem geboren worden, klärt Jesus selbst den Schriftgelehrten Nikodemus auf (Joh. 3,3). Menschen zu Jesus zu führen bedeutet, sie in eine persönliche Beziehung mit Jesus einzuladen. Evangelisation kommt deshalb nie ohne den Ruf zur Umkehr und zu bewusster Nachfolge aus. Der Apostel Paulus konstatiert: „Der Glaube kommt aus dem Gehörten und das Gehörte aus dem Wort Gottes" (Röm. 10,17). Das ist für alle Menschen gleich. Religiöser Eifer genügt nicht. Eine persönliche Antwort des Menschen auf Gottes Ruf ist die Bedingung für die Erfahrung der Wiedergeburt. Und die Wiedergeburt definiert den neuen Stand des Menschen in Christus. So kann er dann wissen, dass das Alte vergangen ist und Neues in seinem Leben geworden ist (2Kor. 5,17).

Evangelisation unter Muslimen darf somit nicht auf den Bekehrungsruf verzichten. Jesus nachzufolgen ist weit mehr als eine religiöse Orientierung. Es ist eine das ganze Leben umfassende Erfahrung, ein Herrschaftswechsel. Und diese Erfahrung setzt bewusst die Umkehr voraus.

Kapitel 9:

Muslime für Jesus gewinnen

9.1. Keine Angst vor der Begegnung und dem Gespräch

Wie keine andere Weltreligion außerhalb des Judentums bemüht sich der Islam um ein rechtes Gottesverhältnis. Es erstaunt auch schon einen unerfahrenen Leser, wie biblisch viele Koran-Aussagen bei oberflächlicher Betrachtung klingen, setzt sich doch der Islam von aller menschlichen Gottesdarstellung ab und verkündigt Allah als den einen und über alle menschliche Vorstellungskraft erhabenen Schöpfer und Herrn! Ist dies – rein formal betrachtet! – nicht auch die Botschaft der Bibel (5. Mose 6,4)?

Um diesen „Gott" auch nur teilweise zu erkennen, bedarf der Mensch eines Mittlers, des Propheten, der diese Offenbarung weiterleitet. So der Koran! Unermüdlich verlangt der Koran vom Menschen, der die Offenbarung Allahs gehört hat, Gehorsam und bestraft ihn im Falle des Nichtbefolgens mit einer ewigen Verdammnis am Tag des Gerichts; im Falle des Befolgens wartet das Paradies auf ihn. Äußerlich betrachtet spricht die Bibel nicht viel anders darüber. Der Koran und damit der Islam scheint einen Teil dessen, was die Bibel über Gott und menschliches Dasein lehrt, begriffen zu haben.

Freilich ist damit nicht alles gesagt. In allen wesentlichen theologischen Fragen unterscheidet sich der Koran von der Bibel! Obwohl „Gott" als der Eine begriffen wird, ist er jedoch nicht der liebende und gnädige Gott, den die Bibel „Vater" nennt. Obwohl der Koran von der Notwendigkeit der „Offenbarung" spricht, wird diese Offenbarung dem Propheten Muhammad auf eine Art und Weise zuteil, die sich nicht in die biblischen Vorstellungen von der göttlichen Inspiration fügt. Obwohl Jesus als gottgesandt, sündlos und überaus bedeutungsvoll für den Glaubensvollzug des Menschen angesehen wird, werden seine zentrale Erlösungstat am Kreuz von Golgatha und seine Botschaft geleugnet und abgelehnt.

Nein, es ist falsch, davon auszugehen, dass man es im Islam mit dem Gott der Bibel zu tun hat und dass der koranische Jesus der Christus des Neuen Testamentes ist. Beides, das islamische Gottes- sowie das Jesusverständnis sind verdreht und damit missgedeutet. Ein typisches Werk menschlichen Irrtums, das vor allem da zustande kommt, wo dämonische Kräfte im Spiel sind.

Und doch bieten sich uns Christen Anknüpfungspunkte zum Gespräch, ja zum echten Dialog mit den Muslimen.[184] Wir brauchen einen Muslim weder von der Notwendigkeit des Glaubens an die Existenz Gottes zu überzeugen, noch mit ihm über die Historizität biblischer Offenbarungsträger zu streiten. Das alles glaubt der Muslim schon! Ohne größere Schwierigkeiten wird er mit uns auf eine Reise durch die biblische Geschichte gehen, wenn wir sie nicht am Kreuz auf Golgatha beginnen, sondern im Garten Eden, und dann Schritt für Schritt die Offenbarungsstationen der Schrift nachzeichnen. Kein Muslim wird damit Probleme haben, Jesus, den Messias, in seinen berichteten Geschichten kennenzulernen. Biblische Geschichten sprechen den ganzen Menschen an[185] und führen graduell ins Nachdenken.

Wir können also mit Muslimen über unseren Glauben reden. Allerdings sollten wir ein solches Gespräch nicht mit theologischen Streitigkeiten beginnen. Eine rein intellektuelle Auseinandersetzung über die Wahrheit führt selten zum gewünschten Ergebnis. Johannes Triebel formuliert richtig, wenn er schreibt: „Philosophische Diskussionen um die Trinität, wie Einheit und Dreiheit zusammen gedacht werden können, oder um die Inkarnation bringen uns letztlich nicht weiter. Sie sind vielleicht ein in-

---

184 Eine Reihe von guten Einleitungen zum praktischen Dialog mit den Muslimen sind auf dem Markt: Hilfreich ist z. B. das Buch von Sahid (1994). Hier findet der interessierte Leser eine Reihe von recht guten Anregungen zum Gespräch. David J. Shenk bietet mit seinem veröffentlichten Dialog (Kateregga 1997) ein Beispiel, wie man mit einem gebildeten Muslim ins Gespräch kommen kann. Und Moucarry (2001) stellt mit seiner Anleitung zum christlich-islamischen Dialog eine bemerkenswerte Hilfe zur Verfügung.

185 Reifler 2005:493.

teressanter Schlagabtausch, aber nicht mehr."[186] Finden wir einen gemeinsamen Grund für unsere Lebensüberzeugungen. Reden wir am Anfang darüber, was uns eint. Begegnungen dieser Art helfen. Freilich wird es auch früher oder später zum Gespräch über schwierige Themen kommen, aber dann sind wir wahrscheinlich längst im gegenseitigen Vertrauen weiter. Nur Menschen, die einander ernst nehmen und einander vertrauen, können letztlich würdig streiten. Und nur ein solcher Dialog überzeugt!

Ja, Muslime glauben anders und Muslime glauben an vielen Stellen falsch. Aber sie glauben! Und das allein sollte uns die Angst nehmen, mit ihnen das Gespräch zu suchen. So und nur so kann ein Vertrauensverhältnis entstehen.

9.2. Engführungen der Geschichte überwinden

Wir haben gemeinsame Themen. Muslime und Christen können auf erstaunliche Parallelen in Lehre und Ethik verweisen. Und wir haben auch eine gemeinsame Geschichte. Das Gespräch mit den Muslimen findet nicht im luftleeren Raum statt. Allerdings ist die Geschichte der Beziehungen zwischen dem Christentum und dem Islam schwer belastet. Es ist, wie Ludwig Hagemann es richtig formuliert, „eine Geschichte gescheiterter Beziehungen".[187] Und diese Geschichte ist voller Blut der Kreuzritterzüge, voller Kriegsgetöse aus der Zeit der Konflikte mit dem Osmanischen Reich und bitterer Erniedrigung durch die christlich-europäischen Kolonialherren.[188] Wenn Christen und Muslime zusammenkommen, dann ist die Luft schwer.

Der Weg zur Wiedergeburt eines Muslims ist daher nicht kurz. Immerhin hat er, geschichtlich gesehen, bereits fast 1.500 Jahre gedauert! Und diese Geschichte muss ernst genommen werden. Hagemann schreibt mit Recht:

---

186 Triebel 2009:114.

187 Hagemann 1999:x.

188 Hagemann (1999) entwirft in seinem Buch einen bemerkenswerten Überblick über die Geschichte des Kampfes des politischen Christentums gegen den Islam.

> „Wer die Zukunft meistern will, darf die Vergangenheit nicht vergessen. Ihre Bewältigung durch Verdrängen oder Ausblenden, Geschichte einfach hinter sich zu lassen, ist kein gangbarer Weg, um eine gemeinsame Zukunft – und um die geht es – aufzubauen. Das betrifft auch das Verhältnis von Christen und Muslimen. Trotz aller Verwandtschaft, die das Christentum und den Islam miteinander verbindet, sind sie im Laufe der Geschichte wenig geschwisterlich miteinander umgegangen."[189]

Das Gespräch der Christen mit den Muslimen setzt also die Bitte um Vergebung der Christen für alle Gräueltaten ihrer Brüder in der langen Geschichte der Beziehung unserer Religionen voraus. Nur so kann ein Vertrauensverhältnis entstehen. Sicher, auch Muslime haben viele, sehr viele Gräueltaten an den Christen begangen und begehen sie gerade heute durch das dämonische Treiben des IS immer noch. Ja, auch sie müssten sich entschuldigen. Aber verlangen können wir es nicht von ihnen. Wenn ich will, dass mein Bruder den Splitter in seinem Auge entfernt, sollte ich mich zunächst um den eigenen Balken kümmern. Das fordert nicht nur Anstand, sondern Jesus, unser Herr. So ist es an uns Christen, den ersten Schritt zu tun und mit der Bereinigung unseres gestörten Verhältnisses zu beginnen.

9.3. Gemeinsam Zukunft gestalten

Der Weg zum Glauben an Christus ist für den Muslim lang. Und er wird selten im intellektuellen Gespräch gewonnen. Bei aller Bedeutung des Dialogs mit Muslimen ist der praktische Lebensdialog von allergrößter Bedeutung. Unmissverständlich macht David Shenk klar, dass es allem anderen voran das christliche Lebenszeugnis ist, welches den Muslim überzeugt.[190] Unter den Musli-

189 Hagemann 1999:ix.

190 Shenk 2005a:29ff. Siehe in diesem Zusammenhang die inspirierende Darstellung von Gordon D. Nickel (1999), der als mennonitischer Missionar viele Jahre in Pakistan gearbeitet hat und seine Erfahrungen in den Aufruf münden lässt, ein Friedenszeugnis unter den Muslimen aufzurichten.

men christlich zu leben, ist deshalb die unbedingte Voraussetzung zur Evangelisation.[191]

Für Muslime ist Gott vor allem ein heiliger Gott, der den Menschen für seine Lebensführung zur Verantwortung zieht. Wenn sie sehen, wie Christen ihn verehren und ihm mit ihrem Leben Ehre machen, wie sie ihre Verantwortung wahrnehmen, diesem heiligen Gott gerecht zu werden, dann kann ein Gespräch über Moral und Ethik beginnen, über ein dekadent gewordenes Christentum, das der Muslim ablehnt, und über einen gesetzlichen Islam, der sich unfähig erweist, den Muslim in seinem Bemühen, Gott zu gefallen, zu unterstützen. Auf diesem Weg werden wir auf Gottes prophetisches Offenbaren seines Willens stoßen und bald die Frage beantworten müssen, wo denn dieser redende und sich offenbarende Gott in unserem Leben Wirklichkeit ist.

Vieles andere wird uns begegnen. Und bald wird deutlich, dass das offizielle Christentum nur eine schwache Parodie des Volkes Gottes ist. Und die Muslime werden zugeben, wie oft ihr religiöses Suchen in der Sackgasse landet. Und diese Ehrlichkeit wird zur Freundschaft führen. Sicher wird sich dann hier und da auch das andere Gesicht ihrer Religion mit aller Deutlichkeit zeigen. Aber wenn man sich erst einmal freundschaftlich näher gekommen ist, wird es viel einfacher, den dornigen Weg des geistlichen Kampfes gemeinsam zu gehen.

Gehen wir diesen Weg, so wird sich auch im Muslim langsam ein biblisches Weltbild festsetzen und die Notwendigkeit eines Erlösers deutlich werden. Erst so werden sie ihre Verlorenheit begreifen und nach der rettenden Hand Jesu greifen. Wir sollten immer darauf achten, dass wir uns in der Kultur des Muslims auskennen und Formen sozialen Miteinanders nutzen, die von diesem verstanden werden.[192]

---

191 Shenk 2005b:121ff.

192 Eine großartige Hilfe in dieser Hinsicht ist der „Kulturknigge für Nichtmuslime“ von Heine (1994).

9.4. Von der Begegnung zum Vertrauen

Muslimen zu begegnen, mit Muslimen gemeinsam Lebensräume zu gestalten ist entscheidend. Hans Ulrich Reifler drückt das allgemein für die Kommunikation des Glaubens in kulturübergreifenden Räumen wie folgt aus:

> „Für die interkulturelle Kommunikation in der missionarischen Situation ist die Beziehungsebene und damit verbunden die implizite Mitteilung, nonverbale Kommunikation von größter Bedeutung ... im Prinzip läuft nichts ohne gute Beziehungen. Funktionierende Beziehungen sind die Voraussetzung einer gelungenen interkulturellen Kommunikation.“[193]

Dieses Prinzip ist im Laufe unserer Studie des Islam und seiner Kultur sehr deutlich geworden. Ohne Basisvertrauen kann es auch im Islam keine Evangelisation und ohne Beziehungsaufbau kein Vertrauen geben. Evangelisation unter Muslimen muss daher vertrauensbildende Maßnahmen ergreifen.

Dabei sollte man unbedingt bedenken, dass für Muslime die Familie, die Sippe, die Gemeinschaft sehr wichtig sind. Wenn sie Vertrauen zu Christen suchen, dann werden sie automatisch über private Beziehungen hinaus den Gemeinschaftszusammenhalt der Christen sehen. Man kann und man darf somit die eigene Familie, den Freundeskreis und die Gemeinde nicht aus dem Vertrauensaufbau zu Muslimen herausnehmen. Das wird sich auf kurz oder lang immer negativ auswirken. Vielmehr schließt man seine Glaubensgemeinschaft bewusst und gezielt in die Bemühungen, den Muslim zu Jesus zu führen, mit ein. Sie sollen sehen, wie Christen einträchtig beieinanderwohnen. Sie sollen die Einheit der Christen mit ihrem eigenen islamischen Glaubenskollektiv vergleichen dürfen. Nur so werden sie ihr tief verwurzeltes Misstrauen dem Christentum gegenüber überwinden können. Für sie ist es selbstverständlich, dass sie sich – wenn sie sich für Jesus entscheiden – damit gleichzeitig für die Gemeinschaft der Jesus-Nachfolger aussprechen.

---

193 Reifler 2005:471.

9.5. Vom Vertrauen zu Menschen zum Vertrauen zu Gott

Missionarische Kommunikation mit Muslimen ist keine private Beschäftigung kommunikationsfreudiger Christen. Wir evangelisieren, weil wir dazu von Christus beauftragt worden sind. Und unser Teamleiter ist der Heilige Geist, der eigentliche Herr der Mission (2Kor. 3,17). Wir stehen in seinem Auftrag. Und Evangelisation der Muslime ist sein Dienst. Ihm sind wir Rechenschaft schuldig und ihm verdanken wir unseren Auftrag und unseren Erfolg. Es kann deshalb auch niemals um eine rein menschliche Beziehungspflege und Kommunikation gehen. Wer mit Muslimen leben und reden will, der sollte vor allem mit Jesus über sie reden! Das Gebet und die persönliche Führung durch Gott entscheiden letztendlich über Erfolg und Misserfolg unserer Bemühungen, Muslime zu Gott zu führen. Es ist der Heilige Geist, der Menschen bekehrt (Joh. 16,5ff).

Eine intensive Beziehung zwischen den Missionaren und ihrem Herrn ist aber noch aus einem anderen Grund geboten. Muslime schätzen nichts so sehr wie eine echte authentische Gottesbeziehung. Sie müssen Gott im Alltag der Christen sehen, bevor sie ihnen Glauben und Vertrauen schenken. Nicht wir, sondern Gott selbst muss sie von seiner Präsenz in unserem Leben überzeugen. Muslime wollen sehen, wie wir Christen zu unserem Herrn beten, wie er unsere Gebete erhört und unser Leben verändert. Sie sollen durch unsere Frömmigkeit Lust am Herrn bekommen. Und sie dürfen wissen, wie sehr wir sie lieben, für sie beten und uns bei Gott für ihre Belange einsetzen. Erst wenn sie erleben, dass sich unser Einsatz für sie an konkreten Gebetserhörungen messen lässt, werden sie hellwach und beginnen, Fragen zu stellen, das Gespräch über den Glauben zu suchen und nach Jesus, dem Messias, zu fragen. Ohne unsere persönliche Beziehung zu Gott kann die Evangelisation unter Muslimen nicht gelingen.

9.6. In den Kampf gestellt

Im Islam ist die Offenbarung Gottes korrumpiert. Und wo Lüge einzieht, da ist der Vater der Lüge nie weit. Evangelisation unter Muslimen muss deshalb auch als geistliche Kampfführung begriffen werden. Hier geht es eben nicht nur darum, Menschen zu gewinnen, sondern sie auch aus den Klauen des Feindes zu befreien. Okkultismus ist in weiten Kreisen, vor allem im Volksislam, selbstverständlich. Unser Kampf um muslimische Herzen ist somit auch ein Kampf „gegen Mächte und Gewalten, die in der Luft herrschen“ (Eph. 6,12). Für einen solchen Kampf muss man gerüstet sein und das nicht nur mit guter und wichtiger Kenntnis des Islam und seiner Kultur, sondern mit Kenntnissen über den Umgang mit Dämonen. Man wird um gemeinsame Lebensräume, um den Aufbau von Vertrauen, um offene Ohren für das Evangelium kämpfen, beten und fasten müssen. Der Satan flieht nur, wenn wir ihm widerstehen (Jak. 4,7). Nichts wäre so falsch, wie ihn intellektuell zu negieren. Das haben wir im Westen allzu lange getan und ernten heute in unseren Evangelisationsbemühungen die Früchte davon: Enttäuschung über das Scheitern unserer Versuche.

Freilich kann das Gesagte niemals verallgemeinert werden. Man sollte nicht hinter jeder islamischen Überzeugung gleich Dämonen wittern und ganz sicher ist auch nicht jeder Muslim okkult abhängig. Man muss schon unterscheiden. Die Ignoranz und Ablehnung der Mächte und Gewalten im Islam ist genauso unangebracht wie eine naive Dämonisierung und trägt wenig zur wirklichen Befreiung dieser Menschen bei. Gefragt ist eine geistliche Unterscheidungsfähigkeit, die sowohl in der Gabe der Geisterunterscheidung (1Kor. 12) als auch im Gespräch mit anderen Gläubigen begründet wird (1Kor. 14,27).

Kapitel 10:

Und so kommen sie zum Glauben

10.1. Oktay hört Gottes Stimme

Oktay, ein guter Freund von mir, beschreibt seine Hinwendung an Jesus mit folgenden Worten:

Früher hätte ich mich als jemand beschrieben, der nicht sehr viel über seine Religion wusste, aber über Gott (Allah) schon. Gott war für mich immer gegenwärtig! Ich bin in den Siebzigerjahren als jüngstes Kind kurdischer Gastarbeiter in Deutschland geboren. Meine Eltern waren streng muslimisch gläubig und entsprechend erzogen sie mich auch. Ich wuchs unter Migranten aus der Türkei auf und habe erst mit sieben Jahren Deutsch gelernt. Auch in der Grundschule blieb ich von den Deutschen weg. Sie kamen mir als Menschen zweiter Klasse vor, weil sie in meinen Augen schwach waren und Schweinefleisch aßen. Ich lebte zwar in Deutschland, mein Zuhause war aber Kurdistan. Werte, die mir wichtig waren, gründeten auf Ehre und Respekt. Das hatten meine Eltern mir sehr deutlich gemacht. Wer Ehre oder Respekt verlor, war nichts mehr wert in der Gesellschaft, in der ich aufwuchs.

Mein Vater legte großen Wert darauf, dass niemand schlecht über uns redete. Verhindern konnte er es aber nicht. Mein Bruder fing an, Drogen zu nehmen und konsumierte mehrere Jahre lang Heroin. Sein Zustand verschlechterte sich zusehends und schon bald zog er unzurechnungsfähig durch die Gegend. Manchmal fiel er zu Hause um und lag dann lange regungslos auf dem Boden. Ich war froh, dass meine Eltern dies nicht miterlebten, da sie an den Wochenenden oft weg waren. Mein Bruder und ich teilten uns ein Zimmer. Und so musste ich mit 12 Jahren all das Elend mit ansehen, durch das so ein Drogenabhängiger geht.

Meine Eltern konnten meinem Bruder nicht helfen. Ihre einzige

Sorge galt mir, sie wollten mich von dieser Schande fernhalten. Ehrlich gesagt habe ich solch einen Ekel gegenüber dieser Droge gehabt, dass ich es nie freiwillig konsumieren wollte. Ich sah ja, was Drogen aus einem Menschen machen konnten. Erst Jahre später wurde mir bewusst, dass auch ich durch das Zusammenleben mit meinem Bruder in unserem 15qm großen Zimmer passiv abhängig war, weil ich dabei zusehen musste, wie er oft fast die ganze Nacht hindurch sein Heroin konsumierte. Meine besorgten Eltern gaben mir aber kein anderes Zimmer. Stattdessen organisierten sie mit zwei anderen Familien für uns Heranwachsende einen Korankurs bei einem unserer Nachbarn, der sich als kundig erwies und mich und zwei weitere Jungs bereitwillig im Koran zu unterrichten begann. In mir erwachte das Leben. Ich hatte Lust, mehr über Gott zu erfahren, zugleich aber reifte auch mein Körper heran. Ich spürte den Mann in mir und versuchte nun immer deutlicher, mir unter den Gleichaltrigen Ansehen, Macht und Respekt zu verschaffen.

Mittlerweile lasen wir den Koran öfters in der Woche und als ich etwa 16 Jahre alt war, habe ich den Koran in den vier Jahren mehr als sechsmal auf Arabisch durchgelesen. Verstanden habe ich dabei nichts. Kein einziges Wort! Mein Lehrer war ein konservativer Muslim, ihm ging es mehr darum, dass man den Koran laut rezitieren konnte als dass man ihn verstand.

Ich war 16, als mein Lehrer zurück in die Türkei ging. Meine wöchentlichen Koran-Lesungen hörten auf. Irgendwie begann jetzt in mir ein merkwürdiger Kampf. Auf der einen Seite wollte ich Gott kennenlernen. Auf der anderen Seite wurden meine Triebe wach. Ich wollte leben. Und was sich da in meinem Körper meldete, schien der Moral meines Glaubens zu widersprechen. Nun stand ich da, mit der so typischen Frage eines Jugendlichen: Wie soll ich mein Leben leben? Mit Gott oder eher mit der Welt da draußen? Da kam mir auf einmal die einfache Frage, ob ich als Muslim eine lebendige Beziehung zu Gott haben kann. Schnell war die Antwort da – klar und deutlich. Tief in mir formten sich die Worte: ‚Was glaubst du, wer du bist? Dass Gott zu dir persönlich sprechen sollte? Erst wenn du gestorben bist, wirst du Gott sehen und hören!‘ So hatte ich es von meinen Eltern und von meinem Lehrer gelernt. Und dann tat ich, was viele Muslime tun. Ich entschloss mich dazu, mein Leben mit Gott auf die lange Bank zu schieben und erst mit Mitte 50 Allah ernsthaft gehorsam zu sein, wie es mir mein Glauben vorschreibt. Dann würde ich die fünf Pflichten des Islam genau befolgen und somit vor dem Tod rein und untadelig vor ihm erscheinen.

Und irgendwie war ich froh, eine solche Entscheidung getroffen zu haben. Es stand mir nun nichts mehr im Wege und ich konnte meine Triebe ausleben. Auf der Straße Respekt und Ansehen zu genießen, das musste man sich mit Härte, Geld und Raffinesse erarbeiten, so war man hochangesehen und hatte alle anderen unter sich. Als ich 16 Jahre alt wurde, nahm mich mein Vater von der Schule. Ich sollte einen vernünftigen Beruf lernen und Geld verdienen. Die Familie brauchte finanzielle Unterstützung und es war höchste Zeit, dass auch ich zu unserem Familieneinkommen beitrug. Ich wollte schon immer Geschäftsmann werden und so besuchte ich die Handelsschule. Die Schule lag ungefähr vier Kilometer von unserer Wohnung entfernt. Geld für den Bus gab mir mein Vater nicht und da ich kein Busticket hatte, musste ich entweder sehr lange laufen oder ‚schwarzfahren‘ (ohne Ticket). Ich fuhr ohne Ticket, denn ich kannte die Kontrolleure und stieg aus, wenn sie einstiegen. Und auch Geld besorgte ich mir bald. Groß gewachsen wie ich war, bot ich Schwächeren Schutz gegen Zahlung an. Um meine potenziellen Kunden gefügig zu machen, ließ ich sie vorher verprügeln. Schon bald nahmen sie mein Angebot an und ich hatte nun einen kleinen Dazuverdienst. Die ganze Situation machte mich kalt und egoistisch, dazu kam noch, dass ich immer mehr Persönlichkeitsprobleme bekam. Ich hatte mich immer mehr in meine Lügen verstrickt und wusste bald selbst nicht mehr, wo ich was und wem gesagt hatte. Man respektierte mich, ja, aber nur weil ich mir diesen Respekt zusammengegaunert hatte. Und das machte etwas mit mir. Ich fühlte mich zunehmend unwohl dabei.

Auch zu Hause lief bald manches schief. Mein Vater verlangte von mir absoluten Gehorsam. Ich respektierte ihn, war aber nicht bereit, ihm in allem zu gehorchen. Dafür schlug er mich immer wieder zusammen. Und so zerbrach unser Verhältnis. Ich verlor die Beziehung zu meinem Vater und blieb nur wegen meiner Mutter zu Hause. Ich erinnere mich auch, dass ich oft am Fenster meines Zimmers stand und hoch hinauf zu den Sternen blickte und Gott um Hilfe bat. Und komisch, ich hatte oft das Empfinden, dass er mich hörte und mich tröstete, da ich immer wieder in solchen Minuten zur Ruhe kam. Natürlich durfte ich es keinem meiner muslimischen Freunde erzählen, denn mit Gott reden und irgendwie eine Bestätigung von ihm erhalten, dass er einen erhört, war für sie nicht nachvollziehbar. Für uns Muslime war Allah ein Gott der Ferne!

Trotz dieser Erfahrungen ging das Leben in der Gesellschaft weiter. Der Spagat zwischen der Kultur zu Hause und auf der Straße war letztendlich nicht möglich. Zwischen dem, was mein Glaube von mir verlangte, und den Angeboten der Straße lagen riesige Unterschiede. Und die Straße gewann. Ich achtete nicht mehr auf das, was zu Hause galt, und folgte mit 16 Jahren dem, was mein Körper wollte. Ich ließ mich mit einer Prostituierten ein, verlor meine Unschuld und war jetzt aus meiner Sicht ein richtiger Mann. Nun ging die Sause richtig los. Manchmal schämte ich mich für das, was ich tat, fand es aber auf der anderen Seite normal, weil es fast jeder in meiner Umgebung genau so machte. Sogar Menschen aus der Moschee sah ich in diesem Sündenpfuhl. Am Freitag sammelten sie Geld für den Gotteskasten und in der Woche ließen sie es krachen.

Als ich mit der Handelsschule fertig war, fand ich nach ungefähr 300 Bewerbungen endlich eine Ausbildungsstelle zum Bürokaufmann. Ich fing die Ausbildung an und verdingte mich auch sonst noch erst mal in einem Freizeitpark und später in Düsseldorf in einem der angesehensten Nachtklubs Deutschlands. Alles lief gut! Ich rackerte mich immer mehr ab und kam an den Punkt, wo ich immer sein wollte: mitten im Leben! Dazu kam noch, dass mir ein Freund, der ein Hellseher war und über eine teure Servicehotline arbeitete, ein Angebot machte. Er konnte kein Deutsch, hatte aber eine Geschäftsidee. Ich sollte ihm dabei helfen. Wir bauten die Servicehotline aus und verdienten in einem halben Jahr fast eine halbe Million Mark. Das war wie eine Rakete ins Weltall! Wir kauften verschiedene Autos, verkauften sie wieder und erstanden dafür andere. Ich fuhr einen Jaguar, mit dem ich auch zur Ausbildung fuhr. War das ein Gefühl! Mein Ausbildungsleiter konnte sich nicht annähernd so einen Wagen leisten und ich, der Azubi, fuhr damit jeden Tag vor. Was wünscht man sich mehr? Als mein Vater sah, was für einen Erfolg ich hatte, zeigte er mir gegenüber seinen Respekt. Ich hatte es geschafft, und das mit 20 Jahren!

Gott trat fast ganz zur Seite. An ihn dachte ich selten. Zu Hause bei den Eltern erinnerten mich höchstens die Familienregeln an den Glauben und daran: niemals der Familie Schande bringen.

Eines Tages war ich in meinem Zimmer bei meinen Eltern zu Hause allein mit meiner Freundin. Wir wollten auch ungestört bleiben und uns amüsieren, als mir irgendjemand ins Ohr flüsterte, ob ich wirklich die Tür abgeschlossen hätte. Voller Schrecken stand ich auf und bewegte mich zur Tür. Währenddessen kamen mir die unterschiedlichsten Gedanken: Was würde ich wohl tun, wenn mein Vater durch die Tür hereinkäme und mich so beschämend sähe. Eines war klar, ich hätte meine Sachen gepackt und hätte nie wieder vor meinen Vater treten können. Als ich an die Tür kam und erleichtert feststellte, dass sie abgeschlossen war, kam der nächste Gedanke, der mich niederstreckte. „Und was machst du, wenn Gott dich sieht!" Vor meinem Vater hatte ich mehr Respekt als vor Gott. Offensichtlich. Und doch war es der Allmächtige, dem ich, seit ich überhaupt denken kann, immer dankbar war. Ich weiß nicht, wie oft ich „Gott sei dank!" gesagt habe, und das nicht aus Gewohnheit, sondern weil ich ihm wirklich dankbar war, dass er mich bewahrt und vor der Misere, in die mein Bruder geraten war, gerettet hatte. Und ihn, meinen Gott, hatte ich vergessen? Ich hatte vergessen, ihn zu ehren. Vor ihm schämte ich mich nicht, mit meiner Freundin herumzumachen. Doch genau das hatte er mir aber doch verboten. Ich war ihm nicht gehorsam. Diese Gedanken stürzten auf mich ein. Meine Freundin konnte nicht verstehen, was da vor sich ging. Ich setzte mich regungslos hin und war beschämt. Ich wollte Gott etwas sagen, aber etwas schnürte mir den Hals zu. Ich saß da, stumm wie ein toter Esel.

Diese Erfahrung hatte Folgen. Egal, wo ich war, ob in der Disco, bei der Arbeit, mit Freunden am Feiern, am Rauchen, am Prügeln, immer wieder kam mir der eine Gedanke: „Was denkt Gott darüber?" Es gab in meinen 21 Lebensjahren nichts Schlimmeres als diese permanente Konfrontation mit Gott. Ich suchte Wege und Lösungen, ging in die Moschee beten, las den Koran, fragte verschiedene Menschen nach Allah, immer wieder kam letztendlich die gleiche Antwort: „Du kannst Gott nicht begegnen!" Und doch sprach da jemand zu mir? War das nicht der Allmächtige? Nein, ich wollte und konnte mich nicht mit der Antwort meiner Glaubensgenossen zufriedengeben. Ich wollte wissen, was Gott persönlich über mich denkt. Ja, mein muslimischer Verstand sagte mir – ich könne so etwas nicht verlangen. Und doch ging ich auf die Straße und schaute an den hellen Herbstabenden auf zu den Sternen und sprach mit ihm, er möge mir doch seinen Weg zeigen, einen deutlichen, denn falls er es nicht tun würde, würde ich meinem Plan folgen und mich ihm erst mit gut 50 hingeben.

Gott antwortete nicht. Die Zeit verging und ich blieb leer. Ich verfiel immer mehr in Depressionen und hatte am Ende sehr starke Suizidgedanken. Es war schrecklich schwer, mit Dingen aufzuhören, die man nicht tun will. Ich machte immer weiter, weil ich in der Abhängigkeit gefangen war. Ich schrie regelrecht zu Gott und suchte das Gespräch mit verschiedenen religiösen Menschen (unter ihnen waren auch „Christen"). Aber geholfen hat es mir nicht, sondern hat mich eher verunsichert!

Doch irgendwann hörte ich wieder eine innere Stimme und stellte mir die Frage: „Warum läufst du über eine grüne Ampel und guckst nicht nach rechts oder links?" Das war eine sehr gute Frage, die mich sofort packte. Ich fragte diverse Leute, was sie von dieser Frage hielten, da sie mich überwältigt hatte. Aber sie konnten im Gegensatz zu mir damit nichts anfangen und fanden diese Frage überflüssig. Aber nach ungefähr drei Wochen, nachdem diese Frage in Abständen mich immer wieder beschäftigte, erfuhr ich, was damit gemeint war. Ich stand an jenem Abend mit meiner Freundin vor einer roten Ampel. Ein rotes Auto kam langsam angefahren und blieb stehen. Als wir Grün hatten, liefen wir über die Straße. Ich schaute meine Freundin an und sie mich, wir alberten rum, als wir vor diesem roten Wagen angekommen waren, herzlich lachten und nur noch ein paar Schritte brauchten, um die Straße zu überqueren Da kam wieder diese Stimme, diesmal GEWALTIG: „WARUM LÄUFST DU ÜBER EINE GRÜNE AMPEL UND GUCKST NICHT NACH RECHTS ODER LINKS?" Ich erschrak, blieb stehen und hielt meine Freundin fest. Im gleichen Moment raste ein Wagen mit ca. 80 km/h vor unserer Nase vorbei (über Rot natürlich). Als wir auf der anderen Straßenseite angekommen waren, brauchte ich ein paar Sekunden, um meine Freundin zu verstehen, die die ganze Zeit sagte: „Du hast mir das Leben gerettet!" Als mir das alles bewusst wurde und ich ihr dann erzählte, dass es Gott war, der uns das Leben gerettet und mich schon die ganze Zeit drauf vorbereitet hatte, antwortete sie nur: „Hör auf damit, wieder über Gott zu sprechen, er hatte damit nichts zu tun, wir hatten nur Glück." Aber ihre Worte überzeugten mich nicht. Ich war mir ganz sicher: Gott selbst hatte zu mir geredet. Wer denn sonst. Er hatte mich auf diese Situation vorbereitet. Nur er konnte es gewesen sein.

Aber die Zeit verging und ich konnte mit diesem Ereignis schließlich auch nicht mehr viel anfangen, die Depressionen kamen zurück und die Suizidgedanken wurden immer stärker. Eines Tages fasste ich den Entschluss, meinem Leben ein Ende zu setzen und aus dem Fester zu springen. Ich war im Haus meiner Eltern. Verzweifelt sah ich mich ein letztes Mal in meinem Zimmer um und entdeckte auf einmal mitten im Wirrwarr meines unaufgeräumten Zimmers ein Traktat mit der Aufschrift: Jesus, deine letzte Hoffnung! Ich verstand zuerst nicht, wie dieses christliche Schriftstück in mein Zimmer gekommen war, konnte mich aber später erinnern, dass ich es vor Monaten auf der Straße von jemandem erhalten und, ohne es zu lesen, auf meinen Schreibtisch gelegt hatte. Unbeteiligt nahm ich das Schriftstück in die Hand. Ich konnte mit den Bildern und den Versen nicht viel anfangen, aber auf der letzten Seite stand ein Übergabegebet, das meine Aufmerksamkeit fesselte. Es hieß: „Lieber Gott, ich bin ein Sünder und brauche Vergebung. Ich glaube, dass Jesus Christus sein unschuldiges Blut vergossen hat und für meine Sünden gestorben ist. Ich bin bereit, mich von der Sünde abzuwenden, und lade Christus jetzt ein, als mein Erlöser und Herr in mein Leben und mein Herz zu kommen.“ Warum auch immer, aber ich sprach dieses Gebet nach. Mir fiel es schwer, sehr schwer. Es war, als wollten Geister mir den Mund zuhalten. Aber ich betete es von ganzem Herzen, weil es wirklich meine letzte Hoffnung war und etwas in meinem Herzen es bestätigte.

In den nächsten Tagen erlebte ich eine Veränderung, die nur Gott wirken konnte. Ich wurde frei von meinen Abhängigkeiten, Lügen, Gewalt, Geldsucht und allem, was mich in den Tod reißen wollte. Ich fand kurze Zeit später eine Gemeinde, wo ich Gott klar erleben konnte. Er rief mich mit der gleichen Stimme wie zuvor beim Überqueren der grünen Ampel mit einem neuen Namen. Mir liefen die Tränen übers Gesicht. Ich hatte eine Begegnung der anderen Art; mit meinen 22 Jahren hatte ich seit meinem 12. Lebensjahr nicht mehr geweint. Ich sah die Welt mit anderen Augen, ich fand zur Realität zurück, zu seiner göttlichen Realität. Und als ich anfing, die Bibel zu lesen, fand ich darin Nahrung für meinen Geist und meine Seele. Diesen Hunger nach dem Wort Gottes zu verspüren ist wie die Nahrung für den leiblichen Körper. Es sättigt und stärkt!

Nach einiger Zeit erkannte meine Familie, dass ich mich äußerlich und innerlich verändert hatte, und sie fragten nach. Mein Zeugnis schockte sie. Mein Vater wurde kurze Zeit später informiert. Er brach seine Geschäftsreise ab und kam direkt aus Kurdistan zurück, um mich zu sehen. Ich bekam es mit der Angst zu tun, floh aus der elterlichen Wohnung und suchte mir eine Wohnung. Aber dann drohte mir mein Vater und ich ging zum vereinbarten Treffen mit der Familie und erwartete den Tod. Als mein Vater mich nicht dazu bewegen konnte, meinen neugefundenen Glauben aufzugeben, drohte er damit, mich zu töten. Ich fing an, innerlich im Namen Jesu zu beten, und flehte um Hilfe. Da wurde mein Vater auf einmal still, schwieg einen Moment, schaute mich an und sagte folgende Worte, die ich noch nie von ihm gehört hatte:

„Mein lieber Sohn, wenn dieser Weg der richtige ist, so gehe diesen Weg weiter. Wenn du aber merkst, dass der Teufel seine Finger im Spiel hat, so komme zurück und bekenne dich wieder zum Islam. Möge der allmächtige Gott dich beschützen und behüten auf all deinen Wegen und denke immer daran, dass ich, dein Vater, dich liebe, und deine Familie liebt dich auch. So komme uns öfters besuchen und bleib nicht fern, denk an uns und bring unserer Familie keine Schande! Geh im Frieden Gottes!"

Zum ersten Mal in meinem Leben hörte ich von meinem Vater, dass er mich liebt. Da, wo ich den Tod erwartet hatte, fand ich Frieden, und das nur, weil Jesus der Christus mich beschützt hat.

Oktay hat später eine Bibelschule besucht und ist heute als Missionar bei seinen Landsleuten tätig. In seiner muslimischen Familie ist tiefes Vertrauen zum abtrünnigen Sohn und seinem Glauben gewachsen. Einige Familienmitglieder besuchen regelmäßig den Gottesdienst einer christlichen Gemeinde und die ersten von ihnen sind bereits dem Beispiel Oktays gefolgt und haben ihr Leben Jesus gegeben.

10.2. Das Zeugnis von Jonathan

Ich heiße Jonathan und komme aus dem Iran, einem sehr religiösen Land. Ich habe erlebt, dass das, was ich habe, meine Suche nicht zufriedenstellt. Als ich nach Deutschland kam, habe ich nach etwas Neuem gesucht, das mein persönliches Leben wirklich bewegt und verändert. Davon möchte ich ein bisschen ausführlicher erzählen:

Ich bin in einer religiösen Familie zur Welt gekommen. Wenn ein Kind in einer muslimischen Familie zur Welt kommt, werden ihm, wenn es ein paar Tage alt ist, in seine beiden Ohren Koranverse gelesen, und anschließend heißt es: „Es ist ein Moslem!" Und man versucht im Elternhaus und später auch in der Schule, diesem Kind die Identität des Islam beizubringen: Was ist der Islam? Wer ist Allah? Was will er von dir? usw.

So habe ich gelebt und erfahren, was es heißt, ein Muslim zu sein. Je länger ich zur Schule ging, desto mehr habe ich vor allem von meinen Eltern über den Islam gelernt. Als Jugendlicher und junger Erwachsener war ich sehr stolz darauf, ein Muslim zu sein, denn wo wir als Familie hingingen, wurde meine Hand geküsst, und das hat meine Identität als Muslim noch mehr bestätigt: „Mensch, du bist auf dem richtigen Weg!"

Meine Kenntnisse über andere Religionen, Judentum und Christentum, beschränkten sich auf das, was im Koran stand. So habe ich gelernt, diese Religionen, diese Menschen, die ihnen angehören, mit ganz anderen Augen zu betrachten und zu behandeln. Sie waren für mich weniger wert, sie waren unrein und unbedeutend, vor allem waren sie meine Feinde. Wir hatten in der Schule christliche Minderheiten als Mitschüler. Wenn ich ihnen zur Begrüßung die Hand gegeben hatte, ging ich sofort zur Toilette und wusch meine Hände siebenmal. Meine Hände waren unrein geworden, weil ich Christen angefasst hatte. Wenn auf der einen Straßenseite eine Kirche war, wechselte ich auf die andere Straßenseite, denn diese Straßenseite war für mich unrein.

Obwohl ich mir sicher war, dass ich der besten Religion dieser Welt angehörte, musste ich feststellen, dass eine tiefe Unruhe, Aggressivität, Traurigkeit, ja sogar Hass in meinem Leben verwurzelt waren und ich nicht wusste, warum. Im Jahre 1980 kam ich zum Studium nach Deutschland. Für mich war das nun ein neues Zuhause, ich musste mich mit einer fremden Kultur, mit anderen Menschen, mit einer neuen Umgebung auseinandersetzen. Je länger ich in Deutschland lebte, desto mehr lernte ich die unterschiedlichen Seiten von diesem Land kennen. Ich gewann viele neue Eindrücke und sammelte unterschiedliche Erfahrungen. Mir ist ein Erlebnis hängen geblieben, und zwar aus dem Winter 1980: Ich sah, dass die Straßen auf einmal viel schöner aussahen, die Bäume waren mit Lichtern geschmückt, die Menschen voll bepackt mit Tragetaschen und die Geschäfte waren überfüllt. Für mich sah alles sehr schön und lustig aus. Dennoch stellte ich fest, dass es hektisch war. Von der Advents- und Weihnachtszeit hatte ich keine Ahnung. Ich dachte mir: „Demnächst feiern die Menschen hier Silvester, deshalb gibt es so viel Unruhe."

Dann kamen der erste und zweite Weihnachtsfeiertag, damals 1980 waren es ein Donnerstag und ein Freitag. Am ersten Weihnachtstag ging ich los, um einzukaufen. Aber die Straße war leer. Kein Mensch war zu sehen. Ich ging zwei Straßen weiter. Wieder war alles leer! Mich überkam auf einmal ein solches Einsamkeitsgefühl, dass ich anfing, die zwei Weihnachtsfeiertage zu hassen. Die Einsamkeit war grausam – viel grausamer als der Schnee und die Kälte, die ich zum ersten Mal in meinem Leben kennenlernte, da ich aus einem sehr heißen Land komme. Nach dem Hass kam die Panik: „Mensch, in zwölf Monaten ist wieder Dezember, ich muss etwas dagegen tun!"

Ich fing an, mein Muslim-sein in Deutschland neu zu beleben. Ich redete mit den Menschen über den Islam und begann zu missionieren. Damals hatten nicht viele Menschen eine Ahnung vom Islam. Man konnte Deutschland als ein christliches Land bezeichnen. Ich lebte in einem christlichen Land und es gab keinen Menschen, der mir erzählte, was eigentlich an den Weihnachtstagen passiert war. Und das hat sich bis heute nicht geändert. Wenn ich manche Iraner, die ich treffe, heute frage: „Weißt du, warum wir Christen Weihnachten feiern?", dann lautet ihre Antwort „nein", obwohl sie schon seit drei Jahren in Deutschland sind. Es gibt keinen, der ihnen die Botschaft weitergibt und ihnen erklärt, warum die Christen Weihnachten feiern.

1980 begann ich, aktiv für den Islam zu werben. Durch verschiedene religiöse Werke, durch verschiedene Aktivitäten wollte ich eine Stütze für mein Leben bauen, mein Gewissen zufriedenzustellen und meine Sünden tilgen: „Jetzt hast du etwas für Allah getan!" Doch je aktiver ich wurde, desto größer wurde meine Einsamkeit, die Hoffnungs- und Ziellosigkeit, und ich wusste nicht, warum. Ich fühlte mich wie Zachäus (Lukas 19). Zachäus war nicht nur ein Zöllner, er war ein Oberzöllner. Er hatte mehr Geld und Sicherheit, als man sich vorstellen konnte, und trotzdem heißt es: „Er suchte eine Begegnung mit Jesus Christus."

Und ich muss sagen, genau wie Zachäus war auch ich reich: reich an Religion, reich an religiösen Werken, und trotzdem musste ich erkennen und bekennen, dass ich eigentlich nichts besaß.

Und wenn wir unsere geistlichen Augen für einige Augenblicke öffnen, sehen wir viele Menschen um uns herum, in unserer Stadt, in unserer Nachbarschaft, die ihr Leben auf solche trügerischen Reichtümer bauen, sei es ihre Religion, ihr Komfort, ihr Geld. Sie halten an ihrem Reichtum fest und sie bauen ihr Leben darauf.

Zachäus erkannte, dass kein anderer außer Jesus Christus ihm Halt bieten und die Sehnsucht seines Herzens nach Frieden stillen konnte. So musste ich auch erkennen, dass all mein religiöser Eifer nichts brachte und ich stattdessen eine Begegnung mit Jesus Christus brauchte. Von 1981 bis 1983 machte ich in der Nähe von Kaiserslautern eine Ausbildung als schuhtechnischer Meister, d. h. Kontrolleur für Schuhfirmen. Als ich mit der Ausbildung fast fertig war, schrieb ich meinem Vater einen Brief: „Bitte schick mir ein Flugticket, ich werde nach meiner Ausbildung zurückkehren." Als ich den Brief weggeschickt hatte, dachte ich mir: „Warum soll ich nicht ein neues Studienfach beginnen?" So habe ich mich überall in Deutschland beworben, erhielt aber nur Absagen. Außer von einer Universität in der Mitte Deutschlands. Da bekam ich einen Studienplatz für Mineralogie, Erdgas- und Erdölgewinnung. Ich war davon überzeugt, dass ich durch dieses Studienfach später im Iran einen guten Arbeitsplatz bekommen würde. Als ich die Aufnahmeprüfung bestanden hatte, suchte ich in meinem Studienort nach einer Wohnung. Ende 1983 gab es viele Wohnungsangebote. Als ich mir die dritte Wohnung anschaute, kam ich in ein Haus, in dem vier Generationen einer deutschen Familie lebten. Der alte Hausbesitzer sprach mit mir drei Stunden lang über Gott. Am Ende sagte er: „Du kriegst die Wohnung."

Von Jesus hat der Hausbesitzer kein Wort erwähnt, er hat nur allgemein über Gott gesprochen. Die Wohnung war ein sehr schönes Appartement, komplett möbliert, warm, für 300 Mark. Ich war zufrieden. Dann bin ich umgezogen. Nach einigen Tagen kam der Hausbesitzer zu mir und erzählte mir, dass sie Christen seien. Ich antwortete: „Ja, die Menschen in ganz Europa, ganz Deutschland sind Christen!" Er antwortete: „Nein, wir sind wiedergeborene Kinder Gottes!" Aber mit diesen Begriffen konnte ich nichts anfangen. Dann lud er mich zum Gottesdienst ein. Ich dachte:

„Auwei! Damals hatte ich meine Hände siebenmal gewaschen, wenn ich einen Christen berührt hatte. Wenn ich jetzt eine Kirche besuchte, würde ich wahrscheinlich ein Vollbad nehmen müssen, damit ich wieder rein wurde.“ Aber es war in der persischen Kultur Sitte, die Bitte eines älteren Menschen nicht abzulehnen, weil es unhöflich war. (Das ist übrigens für unsere älteren Geschwister eine gute Möglichkeit, Muslime zum Gottesdienst oder zur Weihnachtsfeier einzuladen. Sehr wahrscheinlich werden sie aus Höflichkeit nicht Nein sagen.) Ich sagte zu und der Hausbesitzer teilte mir mit, dass er mich abholen würde.

Ich hatte gedacht, wir würden irgendwohin mit dem Auto fahren. Aber als er am Sonntag kam, gingen wir nur eine Etage höher. Über meinem Kopf, ein Stockwerk über mir, war die Gemeinde! Also sechzehn Stufen hoch, dann waren wir in der Gemeinde. Er hatte neben sich einen Platz für mich reserviert. Ich war zum ersten Mal in meinem Leben in einem Gottesdienst, in einem christlichen Gottesdienst. An die Wand wurden die Lieder projiziert. Ich konnte mitlesen und mitsingen.

Als Muslime haben wir uns für Allah geschlagen, wir haben geweint und getrauert – je mehr Trauer, desto besser. Zum ersten Mal sah ich, dass Menschen für Gott sangen. Das hat mich angesprochen. Dann kam die Gebetszeit, jeder hatte ein anderes Anliegen. Die Christen hielten ihre Augen geschlossen, doch ich hatte sie auf. Ich konnte den Beter sehen und sein Gebetsanliegen verstehen. Jeder redete persönlich mit Gott. Das war auch sehr schön. Am Ende kam die Predigt, und zwar über einen einzigen Vers: Johannes 14,6. Jesus spricht: „Ich bin der Weg, die Wahrheit und das Leben, niemand kommt zum Vater, denn durch mich!“ Während der Predigt musste ich mich am Stuhl festhalten, um nicht lauthals etwas dagegen zu sagen.

Nach dem Gottesdienst war ich der Erste, der zum Prediger kam. Ich erzählte ihm: „Ich bin ein überzeugter Moslem, ich glaube, dass das Christentum auch eine Religion ist, aber der Islam ist die beste und höchste. Warum hast du so gepredigt? Ich will mit dir diskutieren!“ Der Arme kam in Verlegenheit und sagte: „Ja, das können wir gerne tun. Eine Etage höher ist ein Hauskreis. Jeden

Dienstagabend treffen sich dort sechs bis acht Leute. Wenn du kommst, kannst du deine Fragen besser loswerden."

Hauskreis und Gemeinde, alles in einem Haus. Ich sagte zu, an dem Hauskreis teilnehmen zu wollen, und schrieb meinem Vater: „Ich brauche kein Flugticket, ich bleibe in Deutschland, weil ich hier studieren will. Schick mir unsere islamischen Bücher, ich diskutiere mit Christen und ich werde ihnen die Wahrheit zeigen."

So hat alles begonnen. Einige Tage später betrat ich den Gemeindesaal, die Tür stand offen. Ich begutachtete den Raum, das Schlagzeug, das Klavier, die Gitarre usf. In einer Ecke war ein kleines Bücherregal. Ich schaute mir die Bücher an. Mittendrin war eine persische Bibel. Man muss sich das vorstellen: In den frühen 80er-Jahren eine persische Bibel in einer deutschen Gemeinde. Ich war sprachlos. Persisch war für viele eine exotische Sprache. Eine englische oder französische Bibel dort wäre noch zu verstehen, aber persisch ...! Als ich am Sonntag darauf wissen wollte, wem die Bibel gehörte, sagte man mir, das wisse man nicht: „Seit zwei Jahren steht diese Bibel hier. Wir wissen nicht, wer sie mitgebracht hat und wem sie gehört." Da fragte ich: „Darf ich sie mitnehmen und lesen?" – „Ja, das darfst du. Wir zeigen dir, wo das Neue Testament beginnt, damit du nicht bei Adam und Eva anfängst."

Dann begann ich, das Neue Testament und den Koran zu vergleichen. Nun hatte ich harte Diskussionen mit den Christen. Die zwei Termine, am Sonntag der Gottesdienst und am Dienstag der Hauskreis, waren in meinem Kalender eingetragen. Ich war ein Suchender und wollte mehr wissen. In mir entbrannte ein heftiger, innerer Kampf: „Was ist die Wahrheit?" Wenn ich nur ein Namensmuslim wäre, hätte ich mir gesagt: „Na ja, fünfundzwanzig Jahre habe ich umsonst als Muslim gelebt, fertig." Aber ich war ein frommer, ein praktizierender Muslim, deshalb konnte ich nicht für mich annehmen, dass die Bibel recht hatte.

Nach weiterem Studieren und Lesen stellte sich für mich immer mehr die Frage nach der Gerechtigkeit Allahs. „Wie kann er gerecht sein?" Ich begann, die Menschen, die sich Christen nannten und im selben Haus wohnten wie ich, unter die Lupe zu nehmen.

Ich wollte wissen, ob sie ihr Christsein auslebten. Ihr Leben war ein Zeugnis.

Aus diesem Grund muss uns bewusst sein, dass die Menschen draußen, ob Christen oder Muslime, uns beobachten, ob wir unser Christsein auch leben. Unsere Taten reden oftmals deutlicher als unsere Worte. Deshalb ist es sehr wichtig, dass wir unser Christsein sichtbar leben! Wir brauchen keine Angst davor zu haben, uns als Christen auszugeben. Nicht nur sonntags stehe ich hier vor dem Kreuz, sondern ich bin unterwegs mit einem Kreuzeszeichen, überall, bei Muslimen, im türkischen Geschäft in der Nachbarschaft. Ich bin Christ! Oftmals werde ich respektiert, weil die Leute zur Kenntnis nehmen, dass ich an Gott glaube.

Nach einigen Monaten Diskussionen mit den Christen wurde es mir zu viel. Im Hauskreis sagte ich: „Stopp! Halt! Jetzt reicht es mir! Ich will kein Wort mehr hören, weder von den Muslimen über den Islam, noch von den Christen über das Christentum! Wenn ihr meint, dass Gott Interesse an uns Menschen hat und wenn er will, dass wir die Wahrheit suchen, dann sieht er mein Herz. Ich will die Wahrheit kennenlernen. Ich möchte wissen, welcher Weg von Gott gekommen ist und welcher Weg zu ihm führt! Wenn der Islam der richtige Weg ist, dann werde ich eine Bestätigung haben. Dann brauche ich keine Angst zu haben. Aber wenn etwas anderes die Wahrheit ist, dann möchte ich das kennenlernen."

Danach gab es keine Diskussionen mehr. Ich habe weiterhin die Gemeinde und den Hauskreis besucht. Drei Wochen später, es war Freitag, der 1. Juni 1984, wurde ich zur Mittagszeit auf einmal sehr schlimm krank. Ganz plötzlich. Dabei hatte ich am Vormittag keine gesundheitlichen Probleme. Am Nachmittag konnte ich überhaupt nichts mehr essen. Auch atmen konnte ich nur sehr schwer. Um 19 Uhr entschied ich mich dazu, schlafen zu gehen. Damals meinte meine Mutter, dass man sich bei Erkältungen warm halten und viel schlafen sollte.

Ich legte mich also hin, aber bis vier Uhr morgens lag ich wach und konnte nicht einschlafen. Obwohl ich allein im Raum war und im Bett lag, hörte ich auf einmal eine Stimme, die zu mir sprach: „Du sollst in Jesu Namen beten und ihn um Heilung bitten." Die Aussage wurde zweimal wiederholt.

Ich fand das Ganze merkwürdig vor. Dennoch entschied ich mich, in diesem Sinne zu beten, ich hatte ja nichts zu verlieren. Weil ich nicht an Jesus glaubte, habe ich im Gebet gesagt: „Ich will um acht Uhr aufstehen und dann sollen jegliche Krankheitsspuren verschwunden sein." Nach dem Gebet schlief ich tief und fest. Um Punkt acht Uhr wurde ich wach! Es war, als ob jemand mich geweckt hätte, dabei war niemand im Raum. Ich war wieder gesund und konnte ganz normal atmen. „Was war das?", dachte ich. „War das ein Traum? Eine Erscheinung? Eine Stimme?"

Ja, ich hatte eine Stimme gehört. Trotzdem wollte ich das Geschehen nicht wahrhaben: „Ach, das war Zufall!" Und in diesem Moment sprach dieselbe Stimme noch einmal: „Komm zu dir selbst und schau mal, was in deinem Inneren, in deinem Herzen passiert ist." Ich merkte, dass mich eine große Freude und ein tiefer Friede erfüllten. Es war unbegreiflich, so etwas hatte ich noch nie erlebt. An dem Tag fing ich an, das Johannesevangelium noch einmal zu lesen. Es gab einen großen Unterschied: Früher hatte ich auch die Evangelien gelesen, aber sie waren wie ein Roman für mich gewesen. Doch an diesem Tag war mir der Sinn offenbart worden. Ich konnte jeden Vers, jeden Satz, jede Aussage verstehen und begreifen. An diesem Abend kniete ich mich hin und lud Jesus in mein Herz ein, ohne dass Gott mich bedrängt oder dazu aufgefordert hätte, jetzt Christ zu werden. Er hatte mir die freie Entscheidung überlassen. Voller Freude, voller Feuer und (leider) voller Naivität, schaute ich mich am kommenden Montag in der Mensa nach den Iranern um, um ihnen zu erzählen, was Gott in meinem Leben getan hatte. Mir war es sehr wichtig!

Erst in Deutschland hatte ich die Möglichkeit bekommen, das Evangelium zu hören, nicht im Iran! Dort hätte ich das Evangelium wahrscheinlich nie gehört! Ich möchte es meinen Landsleuten ermöglichen, das Evangelium zu hören. In Deutschland leben viele iranische Studenten. Wie werden meine Landsleute zurückgehen? Als Atheisten, als Muslime oder als Christen? Das bewegte mich dazu, in der Mensa einen Büchertisch zu starten. Mein Anliegen war es, Muslime, besonders Iraner, anzusprechen.

Persönlich wurde mir eines wichtig: Johannes 14,6. Dieser Vers galt nicht nur damals, als ich zum Glauben kam, sondern auch heute. Jesus ist der einzige Weg, die Wahrheit und das Leben. Für uns Christen, egal, wie lange wir schon gläubig sind, ist es von Bedeutung, heute mit Jesus zu leben. Heute, denn gestern ist vergangen und morgen ist noch nicht gekommen! Die Frage ist nur: Wo findet heute unsere Suche statt? Auch als Christen. Es ist wichtig, dass wir nicht nur einmalig bei Jesus suchen, sondern dass wir beständig bei ihm suchen. In Johannes 15,5 sagt Jesus: „Bleibt in mir, denn ohne mich könnt ihr nichts tun." In Jesus bleiben, täglich bei Jesus zu suchen, das ist unser Glaube. Das ist das Fundament unseres Glaubens, unseres Vertrauens zu Jesus. Er ist das Wichtigste in meinem Leben.

Die Geschichten Oktays und Jonathans bestätigen:

- Muslime haben ein ausgeprägtes Gottesbewusstsein, das sie auf die Suche nach einer persönlichen Beziehung zu ihm führen kann.
- Muslime leiden unter ihrer Unfähigkeit, sündenfrei zu leben.
- Gott offenbart sich den Muslimen direkt. Aber nur über die Begegnung mit Jesus finden sie zu einer persönlichen Beziehung mit ihm.

Bibliografie

ABDULLAH, Muhammad Salim. 1993. *Was will der Islam in Deutschland?* Gütersloh: Gütersloher Verlagshaus.

ACCAD, Fouad Elias. 1997. *Building Bridges: Christianity and Islam.* Colorado Springs, CO: NavPress.

ACCAD, Martin. 2005. Corruption and Misinterpretation of Bible. In: *Christian Presence and Witness Among Muslims*, ed. by Peter F. Penner. Schwarzenfeld: Neufeld Verlag, 36-86.

ADDISON, James T. 1942. *The Christian Approach to the Muslim.* New York. ANDRAE, Tor. 1936. *Mohammed: The Man and His Faith.* London: George Allen and Unwin.

AL-KALBI. 1941. *Das Götzenbuch Kitāb al-aṣnām des Ibn al-Kalbī.* Übersetzung mit Einleitung u. Kommentar von Rosa Klinke-Rosenberger. Leipzig: Harrassowitz.

AL-SHEHA, Abdul Rahman. Der Islam ist die Religion des Friedens. Erste Ausgabe. Übersetzt von Ahmed Ateia. Überarbeitung von Dr. Ghembaza Moulay Mohamed (Abu Ammar). In: http://d1.islamhouse.com/data/de/ih_books/single/de_islam_is_religion_of_peace.pdf (2.11.2014).

ALLENA, Chris und Nielsen, Jürgen. 2002. *Report on Islamphobia in the EU after September 2001.* Wien: European Monitoring Centre.

AL-TABARI. 1997. *The History of al-Tabari.* Translated by Michael Fishbein. SUNY Serien in Near Eusatern Studies: Vol. 8. New York: State of New York University Press.

ANDERSON, John D. C. 1976. The missionary approach to Islam: Christian or ‚cultic'. In: *Missiology* 4/3 (July): 285-300 (25.7.2011).

ATALLAH, W. 1978. Art. *al-Kalbi.* In: *The Encyclopaedia of Islam*, Bd. 4, Leiden: Brill, S. 494-496.

BAAR, Markus. 1979. *Das Abendland am Scheideweg. Ismael oder Israel-Koran oder Bibel, Mohammed oder Jesus?* Asslar: Gerth.

BOUMAN, Johan. 1982. *Christentum und Islam im Vergeich. Das Leben gestalten – den Tod überwinden.* Brunnen: Gießen.

------. 1985. Christen und Moslems. Gemeinsamkeiten und Unterschiede. Gießen: Brunnen-Verlag.

------. 1995. *Leben mit fremden Nachbarn. Die Rolle von Ethik, Kultur und Religion in einer multikulturellen Gesellschaft.* Gießen: Brunnen Verlag.

BROWN, Dan. 1997. Is planting churches in the Muslim world „mission impossible"? In: *EMQ* 33/2 (April):156-165.

BROWN, Rick. 2000. The ‚Son of God' – understanding the messianic titles of Jesus. In: *International Journal of Frontiers Missions* 17/1:39-42.

------. 2006. Contextualization without syncretism. In: *IJFM* 24:2 (April):127-133.

BRISLEN, Mike. 1996. A model for a Muslim-culture church. In: *Missiology* 24/3 (July):355-367.

CAMPS, Arnulf. 1957. *Jerome Xavier, S. J. and the Muslims of the Mogul Empire: controversial and missionary activity.* Schöneck: Nouvelle revue de Science missionnaire suisse.

CANER, Ergün M./ Caner, Emir F. 2003. *Islam ohne Schleier.* Gießen: Brunnen.

CHANDLER, Paul-Gordon. 2007. *Pilgrims of Christ on the Muslim Road: Exploring a new path between two faiths.* Lanham, MD: Cowley Publications.

CHAPMAN, Colin 1990. „Rethinking the Gospel for Muslims", in Woodberry, J. Dudley. Ed. *Muslims & Christian on the Emmaus Road.* Monrovia: Marc, S. 105-125.

------. 1990a. „The God Who Reveals", in Woodberry, J. Dudley. Ed. *Muslims & Christians on the Emmaus Road.* Monrovia: Marc, S. 127-144.

CORWIN, Gary. 2007. A humble appeal to C5/Insider Movement Muslim ministry advocates to consider ten questions. In: *IJFM* 24:1 (January):5-21.

CONN, Harvey M. 1979. The Muslim convert and his culture. In: *The Gospel and Islam: A 1978 compendium* edited by Don M. McCurry, pp. 97-111. Monrovia, CA: MARC.

CONN, H. M. & Ortiz, M. 2001. *Urban ministry: the kingdom of God, the city and the people of God.* Downers Grove: IVP.

CHRISTIANSEN, Jens. 1977. *The Practical Approaches to Muslims.* The North Africa Mission.

CRAGG, Kenneth. 1985. *Jesus and the Muslim.* London: George Allen and Unwin.

------. 1990. „Contemporary Trends in Islam", in Woodberry, J. Dudley. Ed. *Muslims & Christians on the Emmaus Road.* Monrovia: Marc, S. 21-44.

ENDE, Werner und Steinbach, Udo. 1991. *Der Islam in der Gegenwart.*

Entwicklung und Ausbreitung. Staat, Politik und Recht. Kultur und Religion. München: C. H. Beck.

ENDREß, Gerhard. 1991. *Der Islam. Eine Einführung in seine Geschichte.* München: C. H. Beck.

ERYILMAZ, Aytac und Jamin, Mathilde. Hrsg. 1998. *Fremde Heimat – eine Geschichte der Einwanderung aus der Türkei.* Essen.

EVERS, Georg. 1974. *Mission. Nichtchristliche Religionen. Weltliche Welt.* Münster: Aschendorff.

FELDTKELLER, Andreas; Sundermeier, Theo. Hrsg. *Mission in pluralistischer Gesellschaft.* Frankfurt am Main: Lembeck.

GABRIEL, Mark A. 2005. *Islam und Terrorismus. Was der Koran wirklich über Christentum, Gewalt und die Ziele des Djihad lehrt.* Gräfelfing: Pesch Verlag.

GARDET, Louis. 1978. Art. „Islām". In: The Encyclopaedia of Islam. New Edition. *Bd. 4,* Leuven: Brill. S. 171.

GILL, Brad. 2008. Pilgrims of Christ on the Muslim Road: A variety of viewpoints: Reimagining the way of Christ within Dar Islam. In: *Seedbed* XXII/1:14-20.

GILLILAND, Dean S. 1998. Context is critical in „Islampur" case. In: *EMQ* 34/4 (October):415-417.

------. 2000. Modeling the incarnation for Muslim people: A response to Sam Schlorff. In *Missiology* 28/3 (July 2000):329-338.

GODDART, Hugh. 2000. *A History of Christian-Muslim Relations.* Edinburgh.

GOLDBERG, Jonathan. 2010. My deep concerns about the Insider Movement. In: *Crescent* 4/2010:18-21.

GOLDSMITH, Martin. 1976. Community and controversy: Key causes of Muslim resistance. In *Missiology* IV/3 (July 1976):317-323.

------. 1993. *Islam und christliches Zeugnis*, Hamburg: C. M. Fliß Verlag.

GRAFAS, Basil. 2006. Insider Movements: An evangelical assessment. Photocopy (source unknown).

GREEN, Denis J. 1989. Guidelines from Hebrews for contextualization. In: *Muslims & Christians on the Emmaus Road* edited by J. Dudley Woodberry, pp. 233-250. Monrovia, CA: MARC.

GREENLEE, David H, ed. 2005. *From the straight path to the narrow way: Journeys of faith*. Milton Keynes, UK and Waynesboro, GA: Authentic.

GREER, Bradford. 2008. The Sharia of God: A contextual bridge for Islamic contexts. In: *EMQ* 44/3 (July):350-354.

GREESON, Kevin. 2011. Church planting movements among Muslims. In: *Mission Frontiers* March-April 2011:22-24.

Guillaume, Alfred. 1960. *New light on the life of Muhammad.* Journal of Semitic Studies. Monograph No. 1. Manchester: Manchester University Press.

GUIRAUDON, V. & Jileva, E. 2006. Immigration and asylum. In: *Development in European politics,* hrsg. von P. M. Heywood, E. Jones, M. Rhodes & u. Sedelmeier. Houndmills: Palgrave Macmillan_280-298.

HAARMANN, Ulrich. 1991. *Geschichte der arabischen Welt.* München: C. H. Beck.

HAGEMANN, Ludwig. 1999. *Christentum contra Islam. Eine Geschichte gescheiterter Beziehungen.* Darmstadt: WBG.

HAMNETT, C. 1995. Controlling Space: global cities, in shrinking world. In: *Global unevenness and inequality*, hrsg. von J. Allen & C. Hamnett: New York: Oxford University Press: 103-142.

HANSUM, Jaap. 2008. Jesus-Muslime – eine (Un)Möglichkeit für Evangelikale? In: *Evangelikale Missiologie* 3/2008:88-94.

HEINE, Peter. 1994. *Kulturknigge für Nichtmuslime.* Freiburg: Herder Verlag.

HENGEL, M. 1980. *Jews, Greeks and Barbarians: aspects of the hellenization of Judaism in the pre-Christian period.* Philadelphia: Fortress Press.

HENNINGER, Joseph. 1963. Geisterglaube bei den vorislamischen Arabern. In: FS Paul J. Schebesta. (Studia Instituti Anthropos. Vol. 18.) Wien-Mödling, S. 279-316.

HERBERT, Ulrich. 2001. *Geschichte der Ausländerpolitik in Deutschland. Saisonarbeiter, Zwangsarbeiter, Gastarbeiter, Flüchtlinge.* München.

HESSELGRAVE, David J. 1978. *Communicating Christ Cross-Culturally.* Grand Rapids: Zondervan.

------. 1999. Christian Contextualization and Biblical Theology, in *The Relationship between epistemology, hermeneutics, biblical theology and contextualization,* ed. Douglas Welker Kennard, 1999, Lewiston N.Y., Edwin Mellen Press, S. 153-180.

------. & Rommen Edward. 1989. *Contextualization: Meanings, Methods and Models*, 1989, Leicester, Inter-Varsity-Press.

HICK, John. 1973. *God and the Universe of Faiths.* Oxford: Oneworld Publications.

HIEBER, Albrecht. 2008. Für eine christliche Theologie, die den Frieden in den Mittelpunkt stellt: Biblische Reflektionen. In: *ZMiss* 2008/34: 165-181.

HIEBERT, Paul G. 1985. *Anthropological Insights for Missionaries.* Grand Rapids: Baker.

------. 1989. Form and meaning in the contextualization of the Gospel. In: *The Word among us: Contextualizing theology for mission today,* edited by Dean S. Gilliland, pp. 101-120. Dallas, TX: Word Publishing.

------. 1990. „Power Encounter and Folk Islam", in Woodberry, J. Dudley. Ed. *Muslims & Christians on the Emmaus Road.* Monrovia: Marc, S. 45-61.

------. 1994. *Anthropological Reflections on Missiological Issues.* Grand Rapids: Baker.

-----. 2005. *Kultur und Evangelium.* Bad Liebenzell: VLM.

HIGGINS, Kevin. 2004a. Church Planting Movements versus Insider Movements. In: *IJFM* 21:4 (Winter 2004):151ff.

------. 2004b. The key to Insider Movements: The „devoted of Acts". In: *IJFM* 21:4 (2004):155-165.

------. 2006. Identity, integrity and Insider Movements: A brief paper inspired by Timothy C. Tennet's critique of C-5 thinking. In: *IJFM* Fall 2006:117-123.

------. 2007. Muhammad, Islam, and the Quran. Photocopy (source unknown, *IJFM*?).

------. 2011. Discipling the nations & the „Insider Movement" conversation. In: *Mission Frontiers* January-February 2011:26-27.

HIRSCHBERG, Walter. Hrsg. 1988. *Neues Wörterbuch der Völkerkunde.* Berlin: Dietrich Reimer Verlag.

HOFMANN, Murad. 1993. *Der Islam als Alternative.* München: Dietrichs.

HOPPENWORTH, Klaus. 2009. Die Ökumene der Weltreligionen. Der einzige Weg zum Weltfrieden. In: *http://www.horst-koch.de/-weltreligionen-/oekumene-der-religionen.html* (1.08.2010).

HUFFARD, Evertt. 1990. "Culturally relevant Themes about Christ", in Woodberry, J. Dudley. Ed. *Muslims & Christians on the Emmaus Road.* Monrovia: Marc, S. 161-173.

HUGHES, Thomas Patrick. 1995. *Lexikon des Islam.* Wiesbaden: Fourier.

HYBELS, Bill. 2002. *Courageous Leadership.* Grand Rapids: Zondervan.

IOM (International Organization of Migration). 2003. *World migration.* Vol. 2. Geneva: IOM.

JANZEN. J. G. 1993. *Abraham and all the families of the earth: a commentary on the book of Genesis.* Grand Rapids: Eerdmans.

JANZEN, J. G. 1997. *Exodus.* Louisville: Westminster John Knox Press.

JENKINS, P. 2002. *The next Christendom: the coming of global Christianity.* Oxford: Oxford University Press.

JONGENEEL: j. A. B. 2003. The mission of migrant churches in Europe. In *Missiology: An International Review* 31/1:29-33.

KAHL, Werner. 2002. A Theological perspective: the common

missionary vocation of mainline and migrant churches. In *IRM* 91/362:328-341.

KÄSER, Lothar. 1997. *Fremde Kulturen. Eine Einführung in die Ethnologie.* Bad Liebenzell: VLM.

KATEREGGA, Badru D. and Shenk, David W. 1997. *A Muslim and a Christian in Dialogue.* Scottdale: Herald.

KELLERHALS, Emanuel. 1993. *Der Islam. Geschichte – Leben – Lehre.* Moers: Brendow.

KHOURY, Adel Theodor. 1988. *Der Islam.* Freiburg: Herder.

------. und Heine, Peter; Oebbecke, Janbernd. 2000. *Handbuch Recht und Kultur des Islam in der deutschen Gesellschaft.* Gütersloh: Gütersloher Verlagshaus.

KISTER, Meir J. 1993. The Sons of Khadīja. *In: Jerusalem Studies in Arabic and Islam.* 16/1993. S. 59-95.

KONZELMANN, Gerhard. *Die islamische Herausforderung.* München: DTV.

KRAFT, Charles H. 1979. Dynamic equivalence churches in Muslim society. In: *The gospel and Islam: A 1978 com-pendium* edited by Don M. McCurry, pp. 114-128. Monrovia, CA: MARC.

KRÄMER, Gudrun. 2005. *Geschichte des Islam.* München: C. H. Beck.

KÜNG, Hans. 1999. *Spurensuche. Die Weltreligionen auf dem Weg.* Piper, München.

------. 2006. *Projekt Weltethos.* 10. Auflage. München: Pieper.

LBWE. Deutscher Zweig. 1997. *Christlicher Glaube und der Islam.* Erklärung der Lausanner Bewegung für Weltevangelisatin. Deutscher Zweig. Stuttgart.

LCWE. The Lausanne Covenant 1974, http://www.lausanne.org/content/covenant/lausanne-covenant vom 10.01.15.

LOP 13 – Christian Witness to Muslims 1980, http://www.lausanne.org/content/lop/lop-13#* vom 09.01.15.

LEWIS, Bernard und Schnapper, D. Hrsg. 1994. *Muslims in Europe.* London: Pinter.

LEWIS, D. Richard. 1996. *When Cultures Collide. Managing successfully across cultures.* London: Nicholas Brealey Publishing.

LINDSTONE, Julyan. 2011. Further reflections on ‚Insiders'. In: *Crescent* 2/2011:7-9.

LINGENFELDER, Sherwood G. und Mayers, Marvin K. 1991. *Kultur-Übergreifender Dienst.* Bad Liebenzell: VLM.

LINGENFELDER, Sherwood. 1992. *Transforming Culture. A Challenge for Christian Mission.* Grand Rapids: Baker.

LOP 13.

LIVINGSTONE, Greg. 1996. *Gemeindegründung in der islamischen Welt.* Gießen und Rheineck: Brunnen-Verlag und Frontiers.

LOVE, Rick. 2000. *Muslims, Magic and the Kingdom of God.* Pasadena: William Carey Library.

MALIK, Jamal. Hrsg. 2004. *Muslims in Europe. From the Margins to the Centre.* Münster: LIT.

MANDER, J; Goldsmith, E. Hrsg. 2002. *Schwarzbuch Globalisierung.* München: Goldmann.

MANSOUR, John. 1995a. Do Muslim fellowships damage unity? In: Seedbed X/3 (1995):34-40.

------. 1995b. A horse of a different color? A response to Chastain. In: Seedbed X/4 (1995):50-54, plus 2 anonymous responses to the discussion, pp. 55-57.

MARTIN, Peter. 2009. Ist das Trinitätsmodell im Rahmen der C5-Bewegung diskutierbar? In: *Evangelikale Missiologie* 4/2009:207-216.

MARUSKIN, J. 2000. Ministering to the refugees Christ. In *Mission Studies* 17/1-2:196-206.

MASIH, Abd al. 1994. *Kommt das islamische Weltreich?* Villach: Licht des Lebens.

MASOOD, Steven. 2001. *The Bible and the Qur'an. A Question of Integrity.* Carlisle: OM Publishing.

MASSEY, Joshua. 2004. Misunderstanding C5: His ways are not our orthodoxy. In: *EMQ* 40/3 (July):296-304.

MAYERS, Marvin. 1987. *Christianity Confronts Culture. A Strategy for Cross-Cultural Evangelism.* Grand Rapids: Zondervan.

MCCURRY, Don M. 1976. Cross-cultural models for Muslim ev angelism. In: *Missiology* 4/3 (July):267-283.

MCGAVRAN, Donald. 1955. *The Bridges to God.* New York: Friendship.

------. 1979. *Ethnic Realities and the Church. Lessons from India.* Pasadena: WCL.

------. 1980. *Understanding Church Growth.* Grand Rapids: Eerdmans.

------. 1990. *Gemeindewachstum verstehen: Eine grundlegende Einführung in die Theologie des Gemeindeaufbaus.* Lörrach: Simson.

MEDEARIS, Carl. 2008. *Muslims, Christians, and Jesus: Gaining understanding and building relationships.* Minneapolis, MN: Bethany House.

MENSAH, Muhamandou. 1990. „Holistic Ministry Among the Poor", in Woodberry, J. Dudley. Ed. *Muslims & Christians on the Emmaus Road.* Monrovia: Marc, S. 86-103..

MICKSCH, Jürgen/ Schwier, Anja. 2002. *Islam in europäischen Dörfern.* Frankfurt: Lembeck.

MILDENBERGER, Michael/ Vöcking, Hans. Hrsg. 1984. *Islamische und christliche Feste.* Frankfurt: Lembeck.

MODOOD, Tariq/ Werbner, Pnina. Hrsg. 1997. *Debating Cultural Hybridity: Multi-Cultural Identities and the Politics of Anti-Racism:* London: Zed Books.

MORRIS, L. 1995. *The Gospel according to Matthew.* Leicester: IVP.

MOUCARRY, Chawkat. 2001. *Faith to Faith. Christianity and Islam in dialogue.* Leicester: IVP.

MÜLLER, C. W. 1999. *Wie Helfen zum Beruf wurde. Eine Methodengeschichte der Sozialarbeit.* Band 1:1883-1945. 3., erweiterte Auflage. Weinheim/Basel: Beltz.

MUSK, Bill, 1992. *Das unbekannte Gesicht des Islam.* Marburg: Verlag der Francke-Buchhandlung.

NAGEL, Tilman. 1991. Das Kalifat der Abbasiden. In: *Geschichte der arabischen Welt,* hrsg. von Ulrich Haarmann. München: C. H. Beck: 101-165.

NAZIR, Ali Michael. 1987. *Frontiers in Muslim-Christian Encounter.* Oxford: Regnum Books.

NEILL, Stephen. 1990. *Geschichte der Christlichen Mission.* Erlangen: Verlag der Ev.-Lutherischen Mission.

NEUER, Werner. 1999. Interreligiöser Dialog als Notwendigkeit, Chance und Gefahr. In: *Zeugnis im Dialog der Religionen und der Postmoderne,* hrsg. von Pechmann.

NEWBEGINN, L. 1994. *The Gospel in a Pluralistic Society,* Grand Rapids: Eerdmans Publishing.

NICHOLLS, Bruce J., *Contextualization: A Theology of Gospel and Culture,* Series: Outreach and Identity: Evangelical Theological Monographs, Ed. Klaus Bockmühl, 1979, Downers Grove, Illinois, Inter-Varsity Press.

NICKEL, Gordon D. *Peaceable Witness Among Muslims.* Scottdale: Herald.

------. 2006. Insider Movements in Muslim contexts. Photocopy from C&MA in Canada.

NIKIDES, Bill. 2009. A response to Kevin Higgins' „Inside What? Church, culture, religion and Insider Movements in biblical perspective". In: *St. Francis Magazine* 5:4:92-113.

NEUWIRTH, Angelika. 2010. *Der Koran als Text der Spätantike. Ein europäischer Zugang.* 3. Auflage. Frankfurt a. M.: Verlag der Weltreligionen.

NISWONGER, Richard L. 1992. *New Testament History.* Grand Rapids: Zondervan.

NOTH, Albert. 1991. Früher Islam. In: *Geschichte der arabischen Welt,* hrsg. von Ulrich Haarmann. München: C. H. Beck:11-100.

OHLIG, Karl-Heinz. 2007. *Der frühe Islam. Eine historisch-kritische Rekonstruktion an Hand zeitgenössischer Quellen.* Berlin: Hans Schiler.

ORTIZ, Manuel. 1996. *One New People. Models for Developing a Multiethnic Church.* Downers Grove: IVP.

PARET, Rudi. 1989. *Der Koran.* 5. Auflage. Stuttgart: W. Kohlhammer.

PARSHALL, Phil. 1994. *Understanding Muslim Teachings and Traditions. A Guide for Christians.* Grand Rapids: Baker.

------. 1980. *New paths in Muslim evangelism: Evangelical approaches to contextualization.* Grand Rapids, MI: Baker Book House.

------. 1983. *Bridges to Islam.* Grand Rapids: Baker.

------. 1985. *Beyond the mosque: Christians within Muslim community.* Grand Rapid, MI: Baker Book House.

------.1989. Lessons learned in contextualization. In: *Muslims & Christians on the Emmaus Road* edited by J. Dudley Woodberry, pp. 251-265. Monrovia, CA: MARC.

------. 1998. Danger! New directions in contextualization. In: *EMQ* 34/4 (October):404-406 und 409-410.

------. 2004. Lifting the Fatwa. In: *EMQ* 40/3 (July):288-293.

PENNER, Peter F. Hrsg. 2005. *Christian Presence and Witness Among Muslims.* Schwarzenfeld: Neufeld Verlag.

PIPER, John. 2006. An extended conversation about „Insider Movements“: Response to the September-October 2005 Mission Frontiers. In: January-February *Mission Frontiers*:16-17.

POHL, C. D. 2003. Biblical issues in mission and migration. In: *Missiology: An International Review* 31/1:3-15.

PORTER, Grant. 2010. Are Insider Movements within Islam a valid expression of the Church? In: *Crescent* 4/2010:6-18.

PRILL, Thorsten. 2007. Mission as the Exit Ramps at the Refugee Highway in an age of Globalization: Integration Refugees and Asylum Seekers into the Christian Community in the United Kingdom. Unveröffentlichte DTh Dissertation. Pretoria: UNISA.

RACEY, David. 1996. Contextualization – how far is too far? In: *EMQ* 32/3 (July):304-309.

RAHNER, Karl. 1970. Anonymes Christentum und Missionsauftrag der Kirche, in: Ders.: *Schriften zur Theologie.* Band IX. Einsiedeln/Zürich/Köln: Benziger. S. 498-515.

RAMADAN, Tarig. 2009. *Muhammad. Auf den Spuren des Propheten.* München: Diederichs.

REIMER, Johannes. 2013a. *Hereinspaziert. Willkommenskultur und Evangelisation.* Schwarzenfeld: Neufeld Verlag.

Religiöse Pluralität und christliches Selbstverständnis. In: http://www.oikoumene.org/Vorbereitungspapier-Nr-1.875+B6Jkw9Mg__.0.html.

ROBERTS, Bob Jr. 2007. *Globalization. How followers of Jesus engage a flat world.* Grand Rapids: Zondervan.

ROHDES, S. A. 1998. *Where the nations meet: the church in the multicultural world.* Downers Grove: IVP.

RUBIN, Uri. 1986. The Ka'ba. Aspects of its ritual functions and position in pre-Islamic and early Islamic times. In: *Jerusalem Studies in Arabic and Islam* (JSAI), 8/1986. Jerusalem: Hebrew University.

------. 2008. Between Arabia and the Holy Land: a Mecca-Jerusalem Axis of Sanctity. In: *Jerusalem Studies in Arabic and Islam* (JSAI), 34/2008, S. 350ff.

SANNEH. L. 2003. *Whose religion is Christianity? The gospel beyond the west.* Grand Rapids: Eerdmans.

SCHIRRMACHER, Christine. 1994a. *Der Islam 1. Geschichte-Lehre-Unterschiede zum Christentum.* Neuhausen-Stuttgart: Hänssler.

------. 1994b. *Der Islam 2. Geschichte-Lehre-Unterschiede zum Christentum.* Neuhausen-Stuttgart: Hänssler.

------. 2001. *The Islamic View on major Christian Teachings.* Hamburg: RVB International.

SCHIRRMACHER, Christine und Thomas. 1984. *Mohammed. „Prophet" aus der Wüste.* Berneck: Schwengeler Verlag.

SCHOEPS, Hans-Joachim. 1970. *Religionen.* München: Wilhelm Heyne Verlag:

SCHOLTE, J. A. 2000. *Globalization: a critical introduction.* Houndmills: Palgrave Macmillan.

SCHREINER, Josef. 1980. Gastfreundschaft im Zeugnis der Bibel In: *Trierer theologische Zeitschrift* 89 (1980) 50-60.

SELLHEIM, R. 1987. Muhammeds erstes Offenbarungserlebnis. In: *Jerusalem Studies in Arabic and Islam* 10/1987.

SHARKEY, Heather J. 2004. Arabic Antimissionary Treatises: Muslim Responses to Christian Evangelism in the Modern Middle East In: *IBMR* 2004/3, S. 98-102.

SHENK, David W. 1983. „The Muslim Umma and the Growth of the Church", in: Wilbert R. Shenk. Ed. *Exploring Church Growth.* Grand Rapids: Eerdmans, S. 144-156.

------. 2003. *Muslim Nation and the Christian Church. Exploring the mission of the two communities.* Scottdale: Herald Press.

------. 1989. Conversations along the way. In: *Muslims & Christians on the Emmaus Road* edited by J. Dudley Woodberry, pp. 1-17. Monrovia, CA: MARC.

------. 1993. Some thoughts on the use of the Qur'an in Christian witness to Muslims. In: *Seedbed* VIII / 3 (1993):43-45.

------. 2005a. Faithful Christian Witness Among Muslims. In: *Christian Presence and Witness Among Muslims*, ed. by Peter F. Penner. Schwarzenfeld: Neufeld Verlag, 20-35.

------. 2005b. Christian Presence and Witness Among Muslims. In: *Christian Presence and Witness Among Muslims*, ed. by Peter F. Penner. Schwarzenfeld: Neufeld Verlag, 121-133.

SMITH, Jay. 1998. Courage in our convictions: Debating Muslims – new life for an old method? In: *EMQ* 34/1 (January):28-42.

------. 2009. An assessment of the Insider's principle paradigms. Photocopy from the author. See also www.answering-islam.org/fileadmin/authors/smith/ insider_assessment.pdt (25.7.2011).

SOOKHDEO, Patrick. 2001. *Der Islam aus christlicher Sicht. Ein kleiner Wegweiser durch die Welt der Muslime.* Brunnen: Basel.

STAUB, Hans. 1982. Die geistliche Not in der islamischen Welt – eine Herausforderung an uns. In: *Mit Muslimen leben und über Jesus reden,* hrsg. von Eberhard Tröger, Patrik Sookdeo, Hans Staub. Wuppertal: R. Brockhaus Verlag.

STRÄHLER, Reinhold. 2010. *Coming to faith in Christ: Understanding conversion.* Nairobi: SIM-Life Challenge Assistance.

SUNDERMEIER, Theo. 1995. *Konvivenz und Differenz: Studien zu einer verstehenden Missionswissenschaft.* Erlangen: Verlag der ev.-luth. Mission.

------. 1999. Mission und Dialog in der pluralistischen Gesellschaft. In: Feldtkeller 1999:11-25.

------. 1999a. *Was ist Religion? Religionswissenschaft im theologischen Kontext.* Ein Studienbuch (= Bd. 96), Gütersloh: Kaiser, Gütersloher Verlagshaus.

TEHRANIAN, M. 2004. Cultural security and global governance: international migration and negotiation of identity. In: *Worlds on the move,* hrsg. von J. Friedman & S. Randeria. London: Tauris: 3-22.

THORAVAL, Ives. 1999. *Lexikon der islamischen Kultur.* Darmstadt: WBG.

TENNET, Timothy C. 2006. Followers of Jesus (Isa) in Islamic mosques: A closer examination of C-5 „High Spectrum" contextualization. In: *IJFM* 23:3 (July):101-115.

TERRY, John Mark. 1996. Approaches to the evangelization of Muslims. In: *EMQ* 32/2 (April):168-173.

TIBI, Bassam. 2008. *Die islamische Herausforderung. Religion und Politik in Europa des 21. Jahrhunderts.* 3., erweiterte Auflage. Darmstadt: WBG.

TRIEBEL, Johannes. 2009. Christologie und Trinität in der Auseinandersetzung mit dem Islam. In: Hille, Rolf (Hg), *Vom Islam herausgefordert.* Witten: Bundes Verlag.

TRÖGER, E. 1996. Kreuz und Halbmond. Was Christen vom Islam wissen sollten. Wuppertal: R. Brockhaus Verlag.

------. 2001. *Christen und Muslime leben zusammen.* Einige Leitgedanken. Stuttgart: Lausanner Bewegung Deutschland.

------. 2004. Der Griff des Islam nach Europa. In: http://www.gemeindenetzwerk.org/?p=4161. (28.08.2010.)

------. 2010. Jesus-Muslime? In: *Evangelikale Missiologie* 1/2010:35-45.

UDDIN, Rafique. 1989. Contextualized worship and witness. In: *Muslims & Christians on the Emmaus Road* edited by J. Dudley Woodberry, pp. 267-272. Monrovia, CA: MARC.

UMM Zaid, Saraj. 2007. Secret war: Protecting yourself, your family, and your community from missionaries. Photocopy from an American magazine *Modern Muslima.*

VANDER WERFF, Lyle. 1977. *Christian Mission to Muslims. The Record.* Pasadena: WCL.

------. 1990. „The Names of Christ in Worship", in Woodberry, J. Dudley. Ed. *Muslims & Christians on the Emmaus Road.* Monrovia: Marc, S. 175-194.

VERWER, George. 1971. *Konfrontiere Menschen mit Christus*. Zaventer: OM.

VICEDOM, Georg. 1956. Die Weltreligionen im Angriff auf das Christentum. In: *Theologische Existenz heute. Neue Folge,* 51/1956. München.

WALDENFELS, Hans. Hrsg. 1987. *Lexikon der Religionen. Phänomene – Geschichte – Ideen.* Begründet von Franz Konig als Religionswissenschaftliches Worterbuch. Freiburg u. a.: Herder.

WELLER, Paul. 2002. Insiders or Outsiders? Religion(s) and Society Promotions for Europe. Part I in *Baptist Quarterly* 29/5.01 2002, S. 211-222; Part II in *Baptist Quarterly* 29/6.01. 2002, S. 276-286.

WELLER, Paul. 2006. The changing face of Europe. The nature and role of ethnic minorities in European societies. In: *Ethnic Churches in Europe: a Baptist response,* hrsg. von P. F. Penner. Schwarzenfeld: Neufeld Verlag: 17-63.

WELLHAUSEN, Julius. 1961. *Reste arabischen Heidentums*. Berlin: (Nachdruck) de Gruyter.

WENHAM, G. J. 1987. *World Biblical Commentary. Genesis 1-15.* Waco: Word Books.

WESTERMANN, C. 1987. *Genesis: a practical commentary.* Grand Rapids: Eerdmans.

WESTGATE, James. 1985, Transition and the Urban Church. In *Urban Mission* 2/No. 2/ März 1985, S. 22-32.

WIILLIS, Avery T. Jr.. 1977. *Indonesian Revival: Why Two Million Came to Christ.* Pasadena: WCL.

WILLIS, T. M. 1993. Alien. In: *The Oxford Companien to the Bible,* hrsg. von M. D. Coogan. Oxford: Oxford University Press: 20.

WIMBER, John. 1987. *Vollmächtige Evangelisation.* Hochheim: Projektion J.

WOOD, Rick. 2011. Muslim, Hindu, and Buddhist followers of Jesus: How should we respond? (www.missionfrontiers.org/issue/article/editorial-comments43).

WOODBERRY, J. Dudley. 1989. Contextualization among Muslims: Reusing common pillars. In: *The Word among us: Contex-*

tualizing theology for mission today edited by Dean S. Gilliland, pp. 282-312. Dallas, TX: Word Publishing. It was revised in 1996 with additional notes in *IJFM* 13/4:171-186.

------. 1990. *Muslims & Christian on the Emmaus Road.* Monrovia: Marc.

WOODLEY, R. 2004. *Living in color: embracing God's for ethnic diversity.* Downers Grove: IVP.

WOODSs, Scott. 2003. A biblical look at C5 Muslim evangelism. In: *EMQ* 39/2 (April): 188-195.

YE'OR, Bat. 2002. *Der Niedergang des orientalischen Christentums unter dem Islam.* Gräfelfing: Resch Verlag.

ZAIDAN, David, 1995. *Die fünfte Säule. Wie einer Frieden fand.* Neuhausen: Hänssler-Verlag.

ZWEMER, Samuel M. 1912. *The Moslem Christ: An Essay on the Life, Character, and Teachings of Jesus Christ according to the Koran and Orthodox Tradition.* Edinburgh and London: Oliphant, Anderson & Ferrier.

Mehr von dem Autor

Johannes Reimer
Evangelisation im interreligiösen Raum
ISBN 978-3-86827-540-7
153 Seiten, Paperback

Immer mehr Menschen mit anderen kulturellen und religiösen Prägungen leben in unserer Nachbarschaft. Wie leben wir ihnen am besten die Frohe Botschaft von Jesus Christus vor?

Mit diesem Handbuch gibt Johannes Reimer wertvolle Hinweise dafür, wie wir die gute Nachricht an Menschen aus anderen Kulturen weitersagen können. Neben grundsätzlichen Überlegungen, was Evangelisation im biblischen Sinne ist, sowie Informationen zu den verschiedenen Religionen zeigen Beispiele aus der Praxis, wie Evangelisation im interreligiösen Raum gelingen kann.

Johannes Reimer
Multikultureller Gemeindebau
Versöhnung leben
ISBN 978-3-86827-246-8
272 Seiten, Paperback

Gegen die kulturelle Vielfalt unserer Gesellschaft in Deutschland wirken die meisten christlichen Gemeinden kulturell grau, behauptet Johannes Reimer. Und etwas provokant formuliert er: „Man könnte meinen, der Meistermaler sei an der christlichen Gemeinde vorbeigegangen, spiegelt sich doch die Multikulturalität der Gesellschaft in der christlichen Gemeinde nur bedingt wider." Der Autor wirft einen Blick auf die Gemeinde des Neuen Testaments und folgert: Nichts war ihr fremder als graue Monokulturalität. Gemeinde Jesu ist Gottes Volk, zusammengestellt aus vielen Völkern dieser Erde. Und da darf die Gemeinde Jesu in Deutschland keine Ausnahme bilden. Eine gewagte These?

Dieses Buch ist ein Impuls, eine Gesprächsvorlage, ein Diskussionsbeitrag. Darin stellt der Autor die provozierende Frage, ob die allgegenwärtige missionarische Erfolglosigkeit der christlichen Kirchen und Gemeinden auch darin begründet liegt, dass diese das Evangelium am multikulturellen Kontext vorbei leben und verkündigen. Wenn ja, dann böte sich uns ein pragmatischer Grund, ja gar eine Notwendigkeit, Gemeinden multikulturell zu bauen.